KB265756

Departure

5

C.I.Q!
출국장으로 들어가면 ❶ 세관검사, ❷ 보안검색, ❸ 출국심사가 차례로 이어집니다! 계속 앞으로 앞으로!

Step 5

6

탑승게이트로 이동!
탑승권에 표시된 탑승구로 이동합니다. '탑승시간'을 반드시 엄수하여야 합니다!!!

Step 6

출국수속 따라잡기!

공항에서의 출국수속은 다음과 같이 진행됩니다.

❶ 공항도착!

❷ 항공사데스크 체크인!

❸ 관광진흥기금 구입!

❹ 환전!

❺ 비행기 탑승수속!
|세관신고|, |보안검색|,
|출국심사|

❻ 탑승 게이트로 이동!

❼ 탑승!

✚ 잠깐만요!
시간적 여유가 있다면 면세점에서 쇼핑을 하셔도 좋겠습니다.

✚ 비행기 출발 30분 전에는 탑승게이트 대기실에 도착해 있어야 합니다!

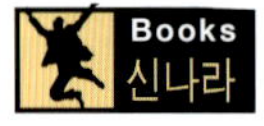

주머니속의 여행 러시아어
펴낸곳★도서출판 신나라
펴낸이★남병덕
지은이★곽순례
연구편집★김미진 윤혜민 박종혁

2017. 09. 05. 개정3쇄 발행

주소 : 서울 마포구 독막로 28길 63-
4304호
T.02)6735-2100   F.6735-2103
E-mail : jwonbook@naver.com
등록 : 1991. 10. 14. 제 2016-344호

* 정가는 표지에 표시!

초간편 기본회화!
Best Basic Conversation!

1. 출발전 준비!　31

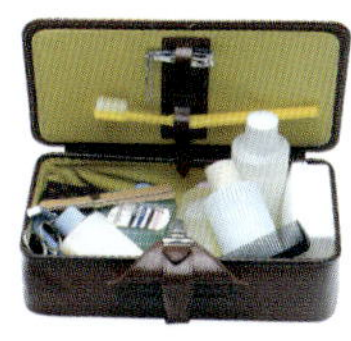

2. 출국수속! 39

3. 출발! 기내에서 47

4. 목적지 도착! 67

5. 호텔의 이용! 81

6. 식당과 요리! 109

7. 쇼핑용 회화! **137**

8. 우편, 전화, 은행! **155**

9. 교통수단! 181

10. 관광하기! 209

11. 사고상황의 대처! 237

12. 귀국 준비! 257

[특별 부록]
비지니스 러시아어회화! 263

부록: 필수 단어 사전! 278

간단한 러시아어 발음법!

Алфавит

러시아어를 처음 접하시는 독자 여러분을 위해 '세상에서 가장 간단한 러시아어 발음법'을 알려드립니다. 쉽게, 편하게, 그리고 간단하게 익혀서 바로 쓰실 수 있습니다! (한국어 발음표기는 편의상 가장 가까운 음으로 표시하겠습니다.)

Алфавит(알파벳) : 러시아어의 알파벳은 모두 33개입니다. 이 중 자음이 21개, 모음이 10개, 그리고 나머지 두 개는 앞 자음의 성질을 나타내는 기호입니다. 러시아어의 모음은 강세의 위치에 따라, 자음은 일부 자음의 위치에 따라 약간의 발음 변화는 있지만, 기본적으로 기본 음대로 발음되는 것이 원칙입니다.

간단한 러시아어 발음법!

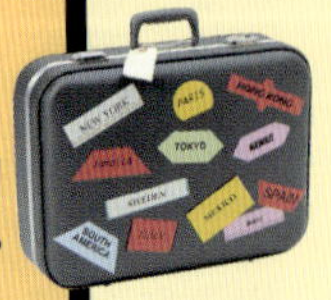

러시아어 발음의 기본적인 특징!

❶ 러시아어는 기본적으로 모든 철자가 다 발음됩니다.

❷ 러시아어의 모음은 강세가 있으면 제 음대로 발음됩니다. 예) o는 [오], e는 [예], я는 [야]

❸ 강세가 없는 러시아어 모음은 약화되어 발음됩니다. 이 약화는 단순히 길이나 세기만 약화될 수도 있고(예: а[아], и[이], у[우], ы[의], ю[유], э[에]), 음의 성질이 변화될 수도 있습니다. (예 : o[아], e[이], я[이])

❹ 강세가 있는 모음에서 많이 떨어져 있는 모음은 심하게 약화되어 발음됩니다. 특히 강세가 없는 단어 끝에서 모음 а와 o는 심하게 약화되어 마치 [어]처럼 발음됩니다.

❺ 러시아어 자음 중 다음 6개의 유성 자음은 단어 끝이나 다른 무성 자음 앞에서 무성 자음으로 변화되어 발음됩니다. 따라서 이 위치의 자음 б는 п[쁘]로, в는 ф[프]로, г는 к[끄], д는 т[뜨], ж는 ш[쉬], з는 [스]로 발음됩니다.

❻ 러시아어는 기본적으로 자음 + 모음의 구조입니다. 따라서 모음 없이 자음만으로 이루어진 음 결합에서는 자음 중 하나가 발음되지 않기도 합니다. 가장 기본적인 인사말 Здравствуйте! [즈드라스뜨브이쩨]의 -вств-의 결합에서 첫 번째 в가 발음되지 않는 것이 그런 예입니다.

괄호 안처럼 발음됩니다!

А	а	아 [ㅏ]
Б	б	베 [ㅂ]
В	в	붸 [ㅂ]
Г	г	게 [ㄱ]
Д	д	데 [ㄷ]
Е	е	예 [ㅖ]
Ё	ё	요 [ㅛ]
Ж	ж	줴 [ㅈ]
З	з	제 [ㅈ]
И	и	이 [ㅣ]
Й	й	이 끄랏꺼이 [ㅣ]
К	к	까 [ㄲ]
Л	л	엘 [ㄹ]
М	м	엠 [ㅁ]
Н	н	엔 [ㄴ]
О	о	오 [ㅗ]
П	п	뻬 [ㅃ]
Р	р	에르 [ㄹ]
С	с	에스 [ㅅ]
Т	т	떼 [ㄸ]

괄호 안처럼 발음됩니다!

У	у	우	[ㅜ]
Ф	ф	에프	[ㅍ]
Х	х	하	[ㅎ]
Ц	ц	쩨	[ㅉ]
Ч	ч	체	[ㅊ]
Ш	ш	쇠	[쉬]
Щ	щ	쉬차	[쉬-]
	ъ	뜨뵤르듸 즈낙 (경음 부호)	
	ы	의	[ㅢ]
	ь	먀흐끼 즈낙 (연음 부호)	
Э	э	에	[ㅔ]
Ю	ю	유	[ㅠ]
Я	я	야	[ㅑ]

소리내어 몇 번 정도 연습해 보시면 발음을 익힐 수가 있습니다.

초간편 기본회화!
Best Basic Conversation!

여행 러시아어 회화!
기본의 기본을 소개합니다.
8가지 기본 상황별로 정리했습니다!

❶ 대답하는 법!　　❷ 인사할 때!
❸ 자기소개 할 때!　❹ 부탁할 때!
❺ 감사의 인사!　　❻ 전화, 약속!
❼ 사과를 할 때!　　❽ 물어 볼 때!

초간편 기본회화!
Best Basic Conversation!

여행 러시아어 회화!
기본의 기본을 소개합니다.
8가지 기본 상황별로 정리했습니다!

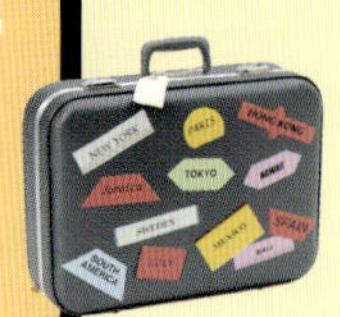

대답할 때 자주
쓰는 표현들을
공부합니다!

예.(네.)

Да.

다

아니오.

Нет.

니옛-

알겠습니다. / 그래요.

Понятно.

빠냐-뜨너

알겠습니다.

Хорошо.

하라쇼-

① 대답하는 법!

맞습니까?
Это правильно?
에-떠 쁘라-빌너

맞아요. / 그렇습니다.
Правильно.
쁘라-빌너

저도 그렇게 생각합니다.
Я тоже думаю так.
야 또-줴 두-마유 딱

가장 많이 쓰는 표현들입니다. 자신있게 대답하기!

초간편 기본회화!
Best Basic Conversation!

여행 러시아어 회화!
기본의 기본을 소개합니다.
8가지 기본 상황별로 정리했습니다!

다양한 인사법들을 연습해 보겠습니다!

안녕하십니까? (아침인사)
Доброе утро.
도-브로에 우-뜨러

안녕하십니까? (오후인사)
Добрый день.
도-브르이 젠

안녕하십니까? (저녁인사)
Добрый вечер.
도-브르이 베-체르

안녕히 주무세요.
Спокойной ночи.
스빠꼬-이노이 노-치

2 인사할 때!

오랜만입니다.
Сколько лет, сколько зим.
스꼴-꺼 리옛 스꼴-꺼 짐

안녕히 계세요. (가세요)
До свидания.
다 스비다-니야

그럼 나중에 또 만나요.
До свидания.
다 스비다-니야

즐거운 하루되세요!
Всего доброго/ Всего хорошего.
프씨보- 도-브러버 / 프씨보- 하로-쉬버

인사할 때는 언제나 웃는 얼굴로 하셔야 해요~!

"여행회화, 기본의 기본입니다! 미리 준비해 두시면 유용하게 자주 쓸 수 있는 표현들입니다!!!"

초간편 기본회화!
Best Basic Conversation!

여행 러시아어 회화!
기본의 기본을 소개합니다.
8가지 기본 상황별로 정리했습니다!

자기를 소개할 때
쓸 수 있는 기본
표현들입니다!!

처음 뵙겠습니다.
Мы не знакомы.
Здравствуйте.
므이 니예 즈나꼬-므이
즈드라-스뜨브이쩨

만나서 반갑습니다.
Очень приятно.
오-친 쁘리야-뜨너

저를 소개해 드려도 될까요?
Разрешите
представиться.
라즈리쉬-쩨 쁘리스따빗-짜

③ 자기소개 할 때

내 이름은 안나이고,
나는 학생입니다.

Меня зовут Анна.

미냐- 자붓- 안-나

Я студентка./
Я студент.

야 스뚜젠-뜨까 / 야 스뚜젠-뜨
　　(여자) 　　　　　 (남자)

나는 삼성에 다닙니다.

Я работаю в
Самсунге.

야 라보-따유 프 삼숭-예

이 정도로만 설명해도 당신은 이미 성공입니다!

초간편 기본회화!
Best Basic Conversation!

여행 러시아어 회화!
기본의 기본을 소개합니다.
8가지 기본 상황별로 정리했습니다!

부탁하실 일이 있
으면 주저하지 말
고 말씀하세요!

저 좀 도와주세요.
Помогите,
пожалуйста.
빠마기-쩨 빠좔-스따

이것 좀 도와주시겠어요?
Можно помочь
мне?
모-즈너 빠모-취 므네-

그것을 해주시겠습니까?
Вы можете делать
для меня?
브이 모-줴쩨 젤-라찌 들랴- 미냐-

④ 부탁할 때!

저의 부탁 하나만 들어주세요.

У меня к вам просьба.

우 미냐- 끄 밤 쁘로-지비

물론이죠.

Конечно.

까녜-슈너-

좀더 천천히 얘기해 주십시오.

Говорите помедленно, пожалуйста.

가바리-쩨 빠몌-들렌너 빠좔-스따

도움이 필요하십니까? 이렇게 말씀하십시오~!

초간편 기본회화!
Best Basic Conversation!

여행 러시아어 회화!
기본의 기본을 소개합니다.
8가지 기본 상황별로 정리했습니다!

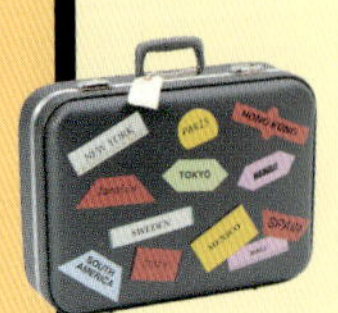

도움을 받았다면
반드시 감사의
인사를 전합니다.

감사합니다.
Спасибо.
스빠시-바

전화해 주셔서 감사합니다.
Спасибо за звонок.
스빠시-바 자 즈바녹-

정말 고맙습니다.
Спасибо большое.
스빠시-바 발리쇼-예

5 감사의 인사!

도와주셔서 감사합니다.
Спасибо за помощь.
스빠시-바 자 뽀-모쉬

아주 많이 도움을 받았어요.
Вы мне очень помогли.
브이 므녜- 오-친 빠마글리-

천만에요.
Ничего. /
Не за что.
니치보- / 녜 자 슈또

감사의 인사, 정중할수록 더욱 좋습니다~!

초간편 기본회화!
Best Basic Conversation!

여행 러시아어 회화!
기본의 기본을 소개합니다.
8가지 기본 상황별로 정리했습니다!

전화를 할 때, 약속을 할 때 쓰는 표현들입니다.

안나 좀 바꿔 주시겠어요?
Можно Анна?
모-즈너 안-나

전데요.
Это я
에-떠 야

누구신가요?
Кто это? /
Кто спрашивает?
끄또 에-떠 / 끄또 스쁘라-쉬바옛

⑥ 전화, 약속!

지금 좀 뵐 수 있을까요?

Можно видеть вас?

모-즈너 비-제찌 바-스

당신은 언제가 가장 적당합니까?

Когда вам удобно?

까그다- 밤 우도-브너

이번 주말 시간 있으세요?

У вас нету времени в эти выходные дни?

우 바-스 녜-뚜 브레-미니 베-찌
브이하드늬-예 드니-

전화로 약속을 정할 때는 메모를 준비하세요~!

초간편 기본회화!
Best Basic Conversation!

여행 러시아어 회화!
기본의 기본을 소개합니다.
8가지 기본 상황별로 정리했습니다!

실례합니다.
Простите.
쁘라스찌-쩨

죄송합니다.
Извините.
이즈비니-쩨

늦어서 죄송합니다.
Извините за опаздание.
이즈비니-쩨 자 아빠즈다-니예

7 사과를 할 때!

저의 사과를 받아주십시오.
Извините, пожалуйста.
이즈비니-쩨 빠좔-스따

(대화 중) 끼어 들어도 되겠습니까?
Можно мешать?
모-즈너 미샤-찌

좋습니다. / 괜찮아요.
Конечно./Ладно.
까녜-슈너 / 라-드너

미안해하실 필요 없습니다.
Ничего.
니치보-

실례가 되었다면 표정도 미안스러워야 하겠죠~!

초간편 기본회화!
Best Basic Conversation!

여행 러시아어 회화!
기본의 기본을 소개합니다.
8가지 기본 상황별로 정리했습니다!

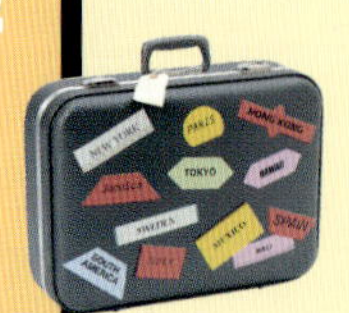

궁금한 모든 것을 물어 볼 수 있습니다!

뭐라고 그러셨지요?

Что вы говорили?

슈또- 브이 가바릴-리

그게 무슨 뜻이죠?

Что это значит?

슈또 에-떠 즈나칫-

좀 크게 말씀해 주시겠어요?

Погромче, пожалуйста.

빠그롬-체 빠좔-스따

⑧ 물어 볼 때!

근처에 은행은 어디에 있습니까?

Где находится ближайший банк?

그제- 나호-짓쨔 블리좌-이쉬 반-끄

저기 오른쪽입니다.

Там справа.

땀 스쁘라-버

길을 잃었어요.

Я потерял дорогу.

야 빠찌랄- 다로-구

잘 모르시겠다구요? 다시 한번 더 물어 보셔요~!

잠깐 여행정보!
환전 및 여행자 보험!

환전 및 여행자보험!

ⓐ **환전** : 러시아의 화폐는 루블이지만 달러화나 유로화를 바꿔 가는 것이 좋습니다. 또 현금을 과다 소지하는 경우는 위험합니다. 대부분 크레디트 카드가 통용되기는 하지만 수수료가 높고 간혹 카드사고가 발생하기 때문에 각별한 주의가 요구됩니다. 때문에 소액 결재는 가능한 한 현금을 사용하는 것이 좋겠습니다. 모스크바 지역의 주요 호텔이나 대형 상점들에서 크레디트 카드를 사용할 수 있으며, 여행자 수표는 몇몇 도시외에는 통용되지 않습니다. 환전은 공식 환전소에서 하도록 하는데 암거래상에게 환전을 하다가 사기를 당하거나 경찰에 적발되는 경우 곤란해 질 수도 있습니다.

ⓑ **여행자보험** : 여행중에 질병이나 사고를 당했을 경우에 대비해 가입하는 보험으로 가입절차가 간편하고, 보험료도 저렴한 편입니다. 패키지 여행의 경우는 대부분 여행비에 보험료가 이미 포함되어 있기도 합니다. 여행자보험은 국내 모든 보험회사에서 취급하고 있기 때문에 가입이 쉬우며, 인터넷을 이용하면 더욱 할인된 가격으로 가입할 수 있습니다. 가입 전에는 약관을 꼼꼼하게 읽어 보고 내용을 반드시 확인하도록 합니다.

1. 출발전 준비!

해외여행에 앞서 반드시 준비되어야 할 것들이 있습니다. 우선 기본적으로 갖추어야 할 것으로 ❶ 여권, ❷ 비자, ❸ 각종 증명서 발급, ❹ 항공권, ❺ 환전 및 여행자 보험 가입, ❻ 여행정보수집 등을 들 수 있습니다.

❶ 여권의 준비!

여권의 종류 : 여권은 '대한민국 국민임을 증명하는 증명서'입니다. 외국에서의 안전을 보장해 주는 신분증이기에 가장 중요한 준비물입니다. 여권의 종류는 관용여권과 일반여권으로 나뉘며, 여행자들이 받게되는 일반여권은 유효기간에 따라 복수여권(5년), 단수여권(1년)으로 나뉩니다. 복수여권은 5년간 사용횟수에 제한이 없기 때문에 일반적으로 많이 신청하는 편입니다.

여권의 신청 : 여권은 시, 구청 여권과에서 발급하며, 보통 2~3일 소요됩니다. (지방 시, 군청은 7~10일 소요) 여권 신청서류는 ⓐ 여권발급 신청서, ⓑ 주민등록등본 1통, ⓒ 주민등록증이나 운전면허증, ⓓ 여권용 사진 2매, ⓔ 병역 서류 (국외여행허가서), ⓕ 발급비(복수여권:45,000원, 단수여권:15,000원) 등 입니다.

 **❷ 비자의 준비!**

러시아 비자의 종류로는 관광 비자, 통과 비자, 상용 비자의 세 종류가 있으며 수속에 필요한 서류로는 **여권**(복수여권의 경우 러시아 지역 출국 예정일부터 3주 이상 유효기간이 남아 있는 것), **비자 신청서, 사진 3장, 초청장, 현지 여행사의 예약확인서, 여행사 작성의 바우처, 항공권** 등이 있습니다. (러시아 대사관 : 서울시 중구 정동 34-16 Tel : 02-318-2116~8)

 **❸ 각종 증명서!**

각종 할인혜택과 더불어 여행을 더욱 편리하게 해주는 각종 증명서들이 있습니다. 미리 준비해 두면 유용하게 쓸 수 있고, 보다 경제적인 여행을 할 수 있습니다.

ⓐ **국제학생증 :** 국제학생여행연맹이 발급하는 전세계 어디에서나 통용되는 학생증입니다. 신청서류는 학생증사본, 반명함판 사진 1매, 신청서, 수수료이며, 발급장소는 국제학생여행사(02-733-9494)이고, 발급후 1년간 유효합니다.
http://www.isic.co.kr

ⓑ **유스호스텔회원증 :** 여행자를 위한 숙소인 세계 각국의 유스호스텔을 사용할 수 있는 회원증입니다. 신청서류는 회원신청서 1부이며, 발급장소는 한국유스호스텔연맹(02-725-3031)이나 각 지방 유스호스텔 연맹에서 신청 가능합니다. http://www.kyha.or.kr

ⓒ **국제운전면허증 :** 여행지에서 직접 운전을 하실 분이리면 빈드시 챙겨가야 할 운전 면허증입니다. 신청은 관할 운전면허시험장에서 하며, 신청서류는 여권, 운전면허증, 주민등록증, 사진1매, 수수료(5,000원)입니다.

✚ 그밖의 여행준비물!

그밖에 필요한 여행준비물들로는 먼저 ⓐ 옷가지(해당지역의 기후에 맞게 2~3벌), 우비 또는 우산, 양말, 속옷(3~4벌)이 필수적이며, 비지니스맨이라면 색상이 다른 와이셔츠와 넥타이 세벌씩은 기본입니다. ⓑ 위생용구(수건, 세면도구, 화장품, 비상약품 – 감기약, 소화제, 정로환, 반창고, 붕대)가 필요할 것이며, 그리고 ⓒ 작은 배낭, 전대, 간단한 인스턴트 식품류 2~3일분, 소형 계산기, 카메라, 필름 등을 준비하면 됩니다. 그리고 가능하다면 읽을 만한 책 한권 정도를 함께 준비하면 여행은 훨씬 더 '우아'해 질 것입니다.

❶ 아에로플로트입니다. 말씀하십시오.

❷ 모스크바행 비행기편의 예약을 하고 싶습니다.

❸ ~행 항공편을 예약하고 싶습니다.

❹ 언제 떠나실 예정이죠?

❺ 이번 금요일이요.

❻ 금요일에 출발하는 비행기가 있나요?

❼ 모스크바까지 왕복 티켓료는 얼마입니까?

❽ 이코노미 클래스(2등석)로 주십시오.

❾ 그것으로 하겠습니다.

1. 출발전 준비!

❶ Аэрофлот. Что я могу помочь?
아에라플롯- 슈또- 야 마구- 빠모-취

❷ Я хочу заказать на самолёт в Москву.
야 하추- 자까자-찌 나싸말롯- 브마스끄부-

❸ Я хочу заказать на самолёт в~.
야 하추- 자까자-찌 나싸말룟- 브

❹ Когда вы улетайте?
까그다- 브이 울리따-이쩨

❺ В пятницу этой недели.
프빠-뜨니쭈 에-떠이 니젤-리

❻ У вас есть самолёт в пятницу?
우바-스 예-스찌 싸말롯- 프빠-뜨니쭈

❼ Сколько стоит билет в Москву туда и обратно?
스꼴-꺼 스또-잇 빌롓- 브마스끄부- 뚜다- 이 아브라-뜨너

❽ Дайте, пожалуйста, экономический класс.
다-이쩨 빠좔-스따 에까나미-체스끼 끌라-스

❾ Я возьму это.
야 바지무- 에-떠

❶ 아에로플로트입니다. 말씀하십시오.

❷ 항공권 예약 재확인을 하고 싶습니다.

❸ 이 예약을 취소해 주십시오.

❹ 예약을 변경하고 싶습니다.

❺ 성함과 비행기 번호를 말씀해 주시겠습니까?

❻ 제 이름은 김철수입니다.

❼ 저의 항공편 번호는 304입니다.

1 Авиакомпания Аэрофлот.
Что помочь вам?
아비아깜빠-니야 아에라플롯- 슈또- 빠모-취 밤

2 Я хочу подтвердить заказ на
самолёт.
야 하추- 빳뜨비르짓-찌 자까-스 나 싸말롯-

3 Отмените, пожалуйста, мой заказ.
아뜨미니-쩨 빠좔-스따 모-이 자까-스

4 Я хочу изменить мой заказ.
야 하추- 이즈미니-찌 모-이 자까-스

5 Скажите, пожалуйста, ваше имя и
номер рейса.
스까쥐-쩨 빠좔-스따 바-쉐 이-먀 이 노-메르
레-이싸

6 Меня зовут Ким Чолсу.
미냐- 자붓- 김철수

7 Мой номер рейса 304.
모-이 노-메르 레-이싸 뜨리 놀 치띄-례

여행사	бюро путешествий	뷰로- 뿌찌쉐-스뜨비이
항공사	авиакомпания	아비아깜빠-니야
항공권	пассажирный билет	빠싸쥐-르늬 빌렛-
예약	заказ	자까-스
확인	подтверждение	빳뜨비르쥬제-니예
재확인	повторное подтверждение	
		빠프또-르너예 빳뜨비르쥬제-니예

취소	отмена	앗몌-너
스케쥴	расписание	라스삐싸-니예
편도항공권	билет в один конец	빌렛- 바진- 까녜-쯔
왕복항공권	билет туда и обратно	
		빌렛- 뚜다- 이 아브라뜨너
왕복항공권	билет в оба конца	빌렛- 보-버 깐짜-
1등석	первый класс	뼤 르브이 끌라-스
2등석	экономический класс	에까나미-체스끼 끌라-스
비예약좌석	не заказанное место	니자까잔-노예 몌-스떠

항공편명	номер рейса	노-몌르 례-이싸
연락처	контактный адрес	깐딱-뜨늬 아-드레스
수속	регистрация	리기스뜨라-찌야
운임	стоимость	스또-이머스찌

2. 출국수속!

❶ 출국준비의 순서!

공항에서의 출국수속은 크게 다음과 같이 진행됩니다. 공항에 도착하시면 다음과 같은 순서로 출국수속을 밟으세요.

❶ 병무신고(남자 : 공항병무신고 사무소 3층 A카운터에서 확인필증 교부), ❷ 항공사 체크인(자신이 이용할 항공사 카운터로 이동해서 비행기 좌석번호와 수하물표를 받음), ❸ 관광진흥기금 구입(10,000원 자동판매기 이용) 및 환전(공항 환전소나 공항내 면세점 구역 환전소 이용), ❹ 출입국신고서 작성(출국심사대 앞에 비치되어 있음), ❺ 비행기 탑승수속, ❻ 세관신고(고가품은 신고필증(**custom stamp**)을 교부 받도록 함), ❼ 보안검색(금속탐지문 통과), ❽ 출국심사(탑승권, 여권,

출입국신고서를 제출하면 심사관이 확인한 후 날인과 함께 출입국신고서의 한쪽을 절취해 여권에 부착해 줍니다), ❾ 탑승 게이트로 이동, ❿ 탑승의 순서로 임하시면 되겠습니다.

공항에는 최소한 2~3시간 전에 도착하도록 하며, 비행기 출발 30분 전에는 탑승게이트 대기실에 도착해 있어야 합니다.

❷ 인천국제공항 상식

ⓐ **공항까지의 교통편** : 국제선 이용 승객은 인천국제공항을 이용합니다. 인천국제공항까지는 인천국제공항 전용고속도로(40.2km)를 이용합니다. 서울에서 인천공항까지의 이동 방법으로는 리무진 버스(서울역-인천국제공항 간 75분 소요), 택시(60분 소요), 지하철(5호선 방화역, 김포공항 리무진 버스로 환승)을 이용하실 수 있습니다. 운송화물을 미리 보낼 경우, 김포 도심 터미널이나 삼성동 서울 도심공항 터미널을 이용하시면 공항 이용료가 할인됩니다.

> 인천국제공항 : **www.airport.or.kr**
> 서울 도심공항터미널 : **www.kcat.co.kr**

ⓑ **공항 면세점** : 출국심사를 마치고 탑승게이트 쪽으로 들어서면 공항 면세점이 중앙에 있습니다. 선물(시계, 화장품, 향수, 민속상품, 기념품)이나 기호품(담배, 술, 초콜릿, 문구류, 필름)을 할인된 가격으로 살 수 있습니다.

 **❸ 공항에서 할 일!**

ⓐ **병무신고** : 만 18세 이상 30세까지의 병역미필자는 인천 국제공항 청사 3층에 있는 병무신고소에 거주지 동사무소로부터 발급 받은 신고필증을 제출하고, 확인필증을 교부받으면 됩니다.

ⓑ **항공사 데스크에서의 보딩패스** : 항공사 데스크로 가서 여권, 항공권을 제시하면 비행기내 좌석번호를 받게 됩니다. 그리고 탁송할 화물들을 계근대 위에 올려 놓으면 항공사 직원은 확인 후 수하물표(claim tag)를 가방에 달아 주고, 화물의 인환증을 항공표 뒷면에 붙여 줄 것입니다. 이 때 인환증의 갯수와 행선지 표시를 반드시 확인해 만약 하물이 분실되었을 경우를 대비해야 합니다.

ⓒ **출국수속** : '관광진흥기금' 구입표를 내고 출국심사장으로 들어 가면 곧바로 세관을 통과하게 되고 출국심사대 앞에 서게 됩니다. 이때는 여권, 항공권, 출국신고서를 심사대 직원에게 제출하면 됩니다. 직원은 여권의 유효관계를 확인하고 출국심사확인표를 여권에 붙여 줍니다.

✚ **관광진흥기금 구입과 출입국신고서 작성**

'관광진흥기금'은 각 데스크 근처의 자동판매기에서 살 수 있으며, 가격은 10,000원입니다. (이것을 출국수속장 입구에 내시면 됩니다.) 그리고 출입국신고서는 탑승수속 카운터 앞쪽에 마련된 테이블에 비치되어 있는 출입국신고서(E/D Card) 양식에 작성하면 됩니다. 양식은 한글, 한자, 알파벳으로 작성합니다.

① 보딩패스! 1.

❶ 비행기표를 보여 주시겠습니까?

❷ 여기 있습니다.

❸ 통로측과 창측 어떤 좌석을 원하십니까?

❹ 창측 좌석을 원합니다.

❺ 통로측 좌석을 원합니다.

❻ 네, 여기 있습니다. 좌석번호는 20-A입니다.

❼ KAL카운터로 이 짐을 운반해 주세요.

❽ 짐이 있습니까?

❾ 네, 있습니다.

❶ Покажите, пожалуйста, ваш билет.
빠까쥐-쩨 빠좔-스따 바-쉬 빌렛-

❷ Вот здесь.
봇 즈제-씨

❸ Какое место вы хотите, у прохода или у окна?
까꼬-예 메-스떠 브이 차찌-쩨 우쁘라호-다 일-리 우아끄나-

❹ Я хочу место у окна.
야 하추- 메-스떠 우아끄나-

❺ Я хочу место у прохода.
야 하추- 메-스떠 우쁘라호-다

❻ Да, вот. Ваш номер места 20-А.
다 봇 바-쉬 노-메르 메-스떠 드밧-짜찌 에이

❼ Перевозите, пожалуйста, этот багаж в стойку KAL.
삐리바지-쩨 빠좔-스따 에-떳 바가-쉬 프스또-이꾸 칼

❽ У вас есть багаж?
우바-스 예-스찌 바가-쉬

❾ Да, есть.
다 예-스찌

❿ 짐은 전부 3개입니다.

⓫ 몇 번 게이트입니까?

⓬ 5번 게이트는 어딥니까?

⓭ 7번 게이트를 가르쳐 주시겠습니까?

⓮ 수하물 초과요금이 얼마입니까?

⓯ 탑승 시간은 언제입니까?

⓰ 면세점은 어디에 있습니까?

❿ Мои багажи всего 3.
마이- 바가-쥐 프씨보- 뜨리-

⓫ Которыи выход?
까또-르이 브이-헛

⓬ Где находится пятый выход?
그제- 나호-짓쨔 빠-띠 브이-헛

⓭ Скажите, пожалуйста, где седьмой выход?
스까쥐-쩨 빠좔-스따 그제- 시지모-이 브이-헛

⓮ Сколько стоит лишний вес багажа?
스꼴-꺼 스또-잇 리-쉬니 볘-스 바가-좌

⓯ Когда посадка?
까그다- 빠삿-꺼

⓰ Где находится беспошлинный магазин?
그제- 나호-짓짜 비스뽀-슐린늬 마가진-

입국관리	иммиграция	이미그라-찌야
검역	карантин	까란찐-
예방주사증명서	сердификат о прививках	씨르지피깟- 아쁘리비-프까흐
세관 검사	таможенный контроль	따모젠-늬 깐뜨롤-
기내반입수화물	ручная кладь	루-치나야 끌라-찌
분실물취급소	бюро находок	뷰로- 나호-덕
탑승구	выход на посадке	브이-헛 나빠삿-께
대합실	зал ожидания	잘 아쥐다-니야
수하물	багаж	바가-쉬
수하물	кладь	끌라-찌
여권검사	паспортный контроль	빠-스뽀르뜨늬 깐뜨롤-
출국카드	карточка выезда	까-르떠치까 브이-이즈다
입국카드	карточка въезда	까-르떠치까 브예-즈다
발착일람표	расписание вылета	라스삐-싸-니예 브일-리따
비행기편명	номер рейса	노-메르 례-이싸
출발지	место выезда	메-스떠 브이-이즈다
도착지	место въезда	메-스떠 브예-즈다
탑승절차	регистрация посадки	리기스뜨라-찌야 빠삿-끼
탑승권	посадочный билет	빠싸-더 치늬 빌렛-
탑승권	посадочный талон	빠싸-더 치늬 딸론-
여권	паспорт	빠-쓰뽀르뜨
항공권	авиабилет	아비아빌렛-
인환증	квитанция	끄비딴-찌야
좌석번호	номер места	노-메르 메-스떠

3. 출발! 기내에서

❶ 기내의 안전수칙!

ⓐ **지정좌석** : 기내에서는 지정된 좌석에 앉아야 합니다. 짐은 머리 위쪽의 선반에 넣습니다. 안전을 위해 무거운 짐은 다리 아래 놓습니다. 승무원의 지시에 따라 이착륙시에는 좌석에 앉고, 반드시 안전밸트를 착용합니다. 좌석상단의 메시지 램프에는 안전고도에서 정상운행 중일지라도 기류에 따라 경고등이 표시되곤 합니다. 이때 **'No Smoking'**은 '금연'을, **'Fasten Seat Belt'**는 '안전벨트를 매시오.' 라는 뜻입니다.

ⓑ **좌석의 조정** : 비행기의 좌석은 뒤로 젖힐 수 있게 되어 있어 장거리 여행시에는 뒤로 눕혀 잠을 잘 수도 있습니다. 그러나 이착륙시나 식사 때는 의자를 바로 세워 정위치로 만듭니다. 눕힐 때는 뒷좌석의 손님에게 양해를 구하거나 천천히 젖히는 것이 바람직합니다. 자리가 불편한 경우 승무원에게 부탁하면 다른 자리로 옮길 수 있습니다.

기내에서의 상식!

ⓒ **안전사항** : 비행기 멀미를 하시는 분이라면 좌석 앞주머니에 준비되어 있는 구토용 봉지를 사용하시거나, 호출버튼을 눌러 스튜어디스에게 찬음료나 진정제 등을 부탁할 수 있습니다. 그리고 기내 주요 유의사항으로는 비행기 안전운항에 장애가 될 수 있기 때문에 모든 전자제품의 사용을 금하는 것과, 다른 승객에게 불편이 될 수 있기 때문에 기내에서는 금연이라는 것, 그리고 흉기의 기내 반입은 절대 금지되고 있음을 기억해 주십시오.

❷ 기내의 식사!

기내식으로 제공되는 것으로는 식사, 차, 주류 및 청량음료 등이 있습니다. 좌석의 등급별로 식사는 다르게 나오며, 본인이 못 먹는 음식은 피할 수도 있습니다. (채식식단과 육식식단이 함께 준비되기 때문에 선택적으로 주문이 가능합니다.) 기내식은 통상 이륙 후 3~4시간 후에 서비스됩니다.

음료는 식사 때가 아니더라도 필요하면 언제라도 주문이 가능하며, 기내에서는 탄산음료 보다는 물이나 과일 주스류가 좋습니다. 주류는 제한된 양이지만 맥주 한두 캔이나 와인 한두 잔은 무료로 서비스됩니다. 그러나 기내에서의 음주는 기압과 안전을 고려해 평소 주량의 1/3 정도만 드시는 것이 좋습니다.

❸ 기내의 서비스들!

장시간의 비행이 이루어지는 노선은 비행시간에 따라 한 두 편 정도의 최신 영화들이 상영됩니다. 팔걸이에 장치된 다

이얼과 좌석 주머니의 이어폰을 사용하여 영화와 함께 스포츠방송을 볼 수 있고, 팝송, 컨트리송, 가요, 클래식 등 장르별로 음악을 즐길 수도 있습니다. 영화나 방송의 내용, 그리고 음향이나 채널의 안내는 앞에 비치된 안내책자를 참고하십시오. 그밖에 각국의 신문, 잡지 및 트럼프·바둑 등 오락기구도 구비되어 있어서 필요시엔 승무원에게 요구하시면 됩니다. 이들 오락기구는 대부분 승객들에게 서비스 되는 것들로 기념품으로 가져가도 됩니다. (헤드폰과 담요는 반납해야 함)

❹ 기내의 면세쇼핑!

기내에서는 양주, 담배, 향수, 시계, 화장품, 스카프, 완구 등의 기호품과 선물용품들이 면세된 가격으로 판매됩니다. 세계적으로 유명한 제품들이 선정되어 구비되어 있으며, 주문과 배달도 가능합니다. 쇼핑 품목 및 수량은 도착국의 반입 허용량을 고려하여 구입하십시오. 보통 양주는 1병, 향수는 1.5온스 정도가 적정 수준이 되겠습니다.

✚ 기내화장실 상식!

기내 화장실은 남녀 공용입니다. 화장실의 현재 사용상태는 벽면의 표시등으로 표시됩니다. 사용중이면 **'Occupied'**, 비어 있을 때는 **'Vacant'**라는 표시등에 불이 켜집니다. 화장실로 들어 갈때는 문을 밀어서 열고, 나올 때는 잡아 당겨서 문을 엽니다. 화장실의 사용법은 일반 수세식변기 사용과 같으며, 사용한 휴지는 쓰레기통에 버려야 합니다. 이착륙시 또는 이상 기류로 기체가 흔들릴 때는 **'Return to seat'**(좌석으로 돌아가라.)라는 표시등이 켜지게 됩니다. 이럴 땐 서둘러 자리로 돌아가도록 합니다. 그리고 화장실도 금연구역이기 때문에 유의해야 합니다.

❶ 탑승권을 보여 주시겠습니까?

❷ 여기 있습니다.

❸ 손님 좌석은 30-B입니다.

❹ 손님 좌석은 저기 창가 쪽입니다.

❺ 고맙습니다.

❻ 실례합니다. 제 자리는 12-D입니다.

❼ 좌석 12-D는 어디입니까?

❽ 손님 좌석은 저쪽 통로 쪽입니다.

❾ 이 좌석이 어디입니까?

3. 출발! -기내에서-

3

❶ Покажите, пожалуйста, посадочный билет.
빠까쥐-쩨 빠좔-스따 빠싸-더치늬 빌렛-

❷ Вот.
봇

❸ Ваше место 30-B.
바-쉐 메-스떠 뜨릿-짜찌 비

❹ Ваше место там у окна.
바-셰 메-스떠 땀 우아끄나-

❺ Спасибо.
스빠씨-바

❻ Простите, моё место 12-D.
쁘라스찌-쩨 마요- 메-스떠 드비낫-짜찌 디

❼ Где место 12-D?
그제- 메-스떠 드비낫-짜찌 디

❽ Ваше место там у прохода.
바-쉐 메-스떠 땀 우쁘라호-다

❾ Где это место?
그제- 에-떠 메-스떠

❶ 자리 좀 바꾸어 주실 수 있습니까?

❷ 네, 뒤쪽에 빈자리가 많이 있습니다.

❸ 통로쪽 자리였으면 좋겠습니다.

❹ 잠깐 지나가도 될까요?

❺ 이 자리에 앉아도 되겠습니까?

❻ 죄송합니다만, 여긴 제자리 같습니다.

❼ 좌석을 제 위치로 해 주십시오.

❽ 의자를 뒤로 젖혀도 되겠습니까?

❾ 이것을 어디에 좀 보관해 주세요.

3

❶ Можно поменять место?
모-즈너 빠미냐-찌 메-스떠

❷ Да, сзади много свободных мест.
다 자-지 므노-거 스바보-드늬흐 메-스뜨

❸ Я хочу место у прохода.
야 하추- 메-스떠 우쁘라호-다

❹ Можно пройти?
모-즈너 쁘라이찌-

❺ Можно сесть?
모-즈너 쎄-스찌

❻ Извините, кажется, моё место.
이즈비니-쩨 까-줫쨔 마요- 메-스떠

❼ Положите на место, пожалуйста.
빨라쥐-쩨 나메-스떠 빠좔-스따

❽ Можно откинуть спинку?
모-즈너 앗끼누-찌 스뻰-꾸

❾ Храните, пожалуйтса, это.
흐라니-쩨 빠좔-스따 에-떠

❶ 닭고기 또는 쇠고기를 드시겠습니까?

❷ 쇠고기요리로 주세요.

❸ 커피와 홍차 중 어떤 것을 드릴까요?

❹ 커피로 주세요.

❺ 크림과 설탕을 넣어 드릴까요?

❻ 아니요, 그냥 마실래요.

❼ 손님, 식사 다 하셨습니까?

❽ 네, 잘 먹었습니다.

❾ 고맙습니다.

3

❶ Что вы хотите, мясо или курицу?
슈또- 브이 하찌-쩨 먀-써 일-리 꾸-리쭈

❷ Мясо, пожалуйста.
먀-써 빠좔-스따

❸ Кофе или чай?
꼬-훼 일-리 챠-이

❹ Кофе, пожалуйста.
꼬-훼 빠좔-스따

❺ Вы хотите кофе с молоком и сахаром?
브이 하찌-쩨 꼬-훼 스말라꼼- 이사-허럼

❻ Нет, просто чёрный.
니옛- 쁘로-스떠 쵸-르늬

❼ Можно собрать?
모-즈너 싸브라-찌

❽ Да.
다

❾ Спасибо.
스빠시-버

❶ 기내에서 면세품을 팝니까?

❷ 볼펜 있습니까?

❸ 네, 있습니다.

❹ 한 다스에 얼마입니까?

❺ 18달러입니다.

❻ 위스키 2병 주세요.

❼ 입담배 있습니까?

❽ 1상자 주세요.

❾ 한국돈으로 지불해도 됩니까?

❶ Можно покупать беспошлинные
вещи в самолёте?
모-즈너 빠꾸빠-찌 비스뽀-슐린늬예 베-쉬 프싸말료-쩨

❷ У вас есть ручки?
우바-스 예-스찌 루-치끼

❸ Да, есть.
다 예-스찌

❹ Сколько стоит за дюжиной?
스꼴-꺼 스또-잇 자쥬-쥐너이

❺ Восемнадцать долларов.
보씸낫-짜찌 돌-러러프

❻ Дайте, пожалуйста, два виски.
다-이쩨 빠좔-스따 드바- 비-스끼

❼ У вас есть сигареты?
우바-스 예-스찌 시가례-띠

❽ Дайте каробку, пожалуйста.
다-이쩨 까롭-꾸 빠좔-스따

❾ Можно платить корейскими валютами?
모-즈너 쁠라찌-찌 까례-이스끼미 발류-떠미

❶ 몸이 좋지 않습니다.

❷ 두통약 좀 가져다 주시겠습니까?

❸ 네, 타이레놀을 갖다 드리죠.

❹ 마실 것 좀 드릴까요?

❺ 우유 한 잔 주세요.

❻ 마실 것 좀 가져다 주시겠습니까?

❼ 스낵 드시겠어요?

❽ 담요 한 장 좀 가져다 주시겠습니까?

3. 출발! -기내에서-

3

❶ Я чувствую себя плохо.
야 춥-스뜨부유 씨뱌- 쁠로-허

❷ Принесите, пожалуйста,
лекарство от головной боли.
쁘리니씨-쩨 빠좔-스따 리까-르스뜨버
앗갈라브노-이 볼-리

❸ Да, принесу Тайренол.
다 쁘리니쑤- 따-이리널

❹ Вы хотите напиток?
브이 하찌-쩨 나삐-떡

❺ Стакан молока, пожалуйста.
스따깐- 말라까- 빠좔-스따

❻ Дайте мне напиток, пожалуйста.
다-이쩨 므녜- 나삐-떡 빠좔-스따

❼ Вы хотите закуску?
브이 하찌-쩨 자꾸-스꾸

❽ Принесите, пожалуйста, одеяло.
쁘리니씨-쩨 빠좔-스따 아지얄-러

❻ 신고서의 작성!

❶ 펜 좀 써도 될까요?

❷ 그럼요. 여기 있습니다.

❸ 제 입국신고서 좀 봐주시겠습니까?

❹ 어떻게 기재하는지 가르쳐 주십시오.

❺ 여기에 무엇을 써야 됩니까?

❻ 입국카드를 한장 더 얻을 수 있을까요?

взять (브쟈-찌) : 빌리다

проверить (쁘라베-리찌) : 확인하다

заполнять (자빨냐-찌) : 채우다

3

❶ Можно взять ручку?
모-즈너 브쟈-찌 루-치꾸

❷ Конечно. Вот она.
까녜-슈너 봇 아나-

❸ Проверите, пожалуйста, мою
карточку въезда?
쁘라볘-리쩨 빠좔-스따 마유- 까-르떠치꾸 브예-즈다

❹ Скажите, пожалуйста, как
заполнять в декларации.
스까쥐-쩨 빠잘-스따 깍 자빨냐-찌 브지끌라라-찌이

❺ Что надо записать здесь?
슈또- 나-더 자삐싸-찌 즈제-씨

❻ Можно получить ещё карточку
въезда?
모-즈너 빨루치-찌 이쑈- 까-르떠치꾸 브예-즈다

декларация въезда
(지끌라라-찌야 브예-즈다) : 입국신고서
карточка въезда
(까-르떠치까 브예-즈다) : 입국카드

앗! 단어장!

❶ 이 공항에서 얼마나 체류하게 되나요?

❷ 약 1시간 정도입니다.

❸ 당신은 통과 여객이십니까?

❹ 이 통과용 카드를 함께 갖고 계십시오.

❺ 거기에 면세점이 있습니까?

❻ 면세점은 어디에 있습니까?

❼ 비행기를 갈아 타야 합니다.

❽ 제가 탈 항공편의 확인은 어디에서 합니까?

❾ 공항 1층 대합실에 있는 항공사 카운터에서
하십시오.

❶ Сколько времени надо в этом аэропорту?
스꼴-꺼 브례-미니 나-더 베-떰 아에라빠르뚜-

❷ Около часа.
오-껄러 치싸-

❸ Вы транзитный пассажир?
브이 뜨란지-뜨늬 빠싸쥐-르

❹ Возьмите эту транзитную карточку.
바지미-쩨 에-뚜 뜨란지-뜨누유 까-르뗘치꾸

❺ Там есть беспошлинный магазин?
땀 예-스찌 비스뽀-슐린늬 마가진-

❻ Где беспошлинный магазин?
그제- 비스뽀-슐린늬 마가진-

❼ Мне надо пересесть самолёт.
므녜- 나-더 뻬리쎄-스찌 싸말롯-

❽ Где можно утверждать мой рейс?
그제- 모-즈너 우뜨비르쥬다-찌 모-이 례-이스

❾ В стойке на первом зале этого аэропорта.
프스또-이께 나 뻬-르범 잘-레 에-떠버 아에라뽀-르따

기장	командир корабля	
	까만지-르 까라-블랴	
승무원	экипаж	에끼빠-쉬
여승무원	стюардесса	스쮸아르젯-써
남승무원	стюард	스쮸-어르뜨
객실	класс	끌라-쓰
비상구	запасной выход	
	자빠스노-이 브이-헛	
화장실	туалет	뚜알롓-
호출 버튼	кнопка вызова	끄놉-꺼 브이-저바
이어폰	наушники	나우-슈니끼
멀미주머니	гигиенический пакет	
	기기이니-치스끼 빠껫-	
구명동의	спасательный жилет	
	스빠싸-찔-늬 쥘롓-	
구명동의	спасательная куртка	
	스빠싸-찔-너야 꾸-르뜨꺼	
산소마스크	кислородная маска	
	끼슬라로-드너야 마-스꺼	
기내선반	полка	뽈-꺼
독서등	свет для чтения	
	스벳- 들랴- 츠쩨-니야	
모포	одеяло	아지얄-러
안전벨트착용	застегнуть ремни	
	자스찌그누-찌 럼니-	
금연	не курить	니 꾸리-찌

주요 안내 표현!

비어 있음	свободно	스바보-드너
사용중	занято	자-니떠

좌석으로 돌아가시오 вернуться на место
비르눗-쨔 나 몌-스떠

먹는 물 아님	не для питья

니 들랴- 삐찌야-

문을 잠그시오	запереть дверь

자삐례-찌 드베-리

담배버리지 말 것	не бросать сигареты

니 브라싸-찌 씨가례-띠

화장실내 금연	не курить в туалете

니 꾸리-찌 프뚜알례-쩨

버튼을 누르시오	нажать кнопку

나좌-찌 끄놉-꾸

변기물을 내리시오	спустить воду

스뿌스찌-찌 보-두

전기면도기 콘센트	бритвенная розетка

브리-뜨빈너야 라제-뜨꺼

비상용 버튼	кнопка вызова

끄놉-꺼 브이-조바

통과여객	транзитный пассажир
	뜨란지-뜨늬 빠싸쥐-르
통과패스	транзитный паспорт
	뜨란지-뜨늬 빠-쓰뽀르뜨
통과패스	транзитная карточка
	뜨란지-뜨너야 까-르떠치꺼
비행기	самолёт 싸 말룟-
대합실	зал ожидания 잘 아쥐다-니야
입국카드	въездная карточка
	브이즈나-야 까-르떠치꺼
입국사증	въездная виза
	브이즈나-야 비-저
탑승장소	место посадки
	몌-스떠 빠삿-끼
목적지	место назначения
	몌-스떠 나즈나체-니야
시내공항터미널	аэровокзал 아에라바그잘-
환승편	соединительный рейс
	싸이지 니-찔-늬 례-이스
국제선	международная линия
	미쥬두나로-드너야 리-니야
국내선	внутренная линия
	브누뜨롄-너야 리-니야
탑승권	посадочный талон
	빠싸-더 치늬 딸론-
항공시간표	расписание самолётов
	라즈삐싸-니예 싸발료-떠프

4. 목적지 도착!

❶ 입국절차 상식!

목적지의 공항에 도착해서 비행기에서 내리면 곧 입국절차를 밟게 됩니다. 입국절차는 출국과 반대의 순으로 진행됩니다. 즉 ⓐ 공항도착, ⓑ 'Arrival' 이라고 표시된 출구로 나갑니다, ⓒ 검역소를 통과합니다. (보통은 생략됨), ⓓ 입국심사, ⓔ 수하물 찾기, ⓕ 세관검사, ⓖ 입국완료의 순으로 진행됩니다. 좀 더 세부적으로 소개하면 다음과 같습니다.

❷ 입국심사!

입국심사대(**Immigration**)로 가서 여행자가 심사원에게 여권과 비자를 제시하고 기다리면 되는데, 거의 질문은 하지 않습니다. 잠시 후 심사가 끝나면 입국 비자는 떼어내고 여권과 체재, 출국 비자를 돌려줍니다.

❸ 수하물 찾기!

입국심사를 마치면 '수하물 찾는곳' (**baggage or luggage claim area**)으로 갑니다. 찾을 짐이 많으면 짐수레 (**cart**)를 준비해 탁송된 짐이 실려 나오는 콘베이어 앞에서 기다립니다. (비슷한 가방이 많기 때문에 이름을 반드시 확인 할 것) 국제공항에는 수하물 찾는 곳이 여러 곳이므로, 본인이 이용했던 항공편 표시등 아래로 찾아가야만 착오가 없습니다. 수하물이 나오는 시간은 보통 30분 정도 걸리며, 착륙 비행기가 많을 경우에 1시간 넘게 걸리는 때도 있습니다. 자신의 짐이 발견되면 수하물 인환증(**claim tag**)의 번호와 짐 번호를 확인하도록 하며, 만약 짐이 나오지 않을 경우에는 항공사 직원에게 협조를 구하도록 합니다. 분실신고는 화물도착 후 4시간 이내에 해야 합니다.

❹ 세관통관 상식!

짐을 찾으면 마지막 통관문인 세관검사대(**Customs**)로 갑니다. 외국인의 경우에는 외환을 체크해야 하므로 Red channel 쪽에 줄을 서도록 하며, 순서가 되기 전에 모든 짐의 자물쇠를 풀어 세관원이 쉽게 열어 볼 수 있도록 준비합니다. 일반적으로 귀금속, 사치품, 고급 카메라 등은 정확하게 신고해야 합니다. 기내에서 작성한 세관 신고서와 여권을 토대로 세관원은 짐을 조사히는데, 만일 신고를 하지 않거나 신고액이 실제와 다를 경우 법적 제재를 당할 수도 있습니다. 혹시 입국시 과세되는 물품이 있다면 세관 창고에 맡겼다가 출국 때 찾아가도록 하십시오. 이것을 본드(**Bond**)라고 하는데, 반드시 보관증을 받고 출국 때에는 공항의 항공사 카운터에서 본드 하물이 있음을 알리고 찾아 가십시오.

➕ 도착로비의 이용

세관검사가 끝나면 모든 입국 절차가 끝이 납니다. 그대로 출구를 나오면 거기가 도착 로비가 됩니다. 도착 로비에는 환전소(**Bank Exchange / Change / Cambio / Wechsel** 등의 표지가 붙어 있음)가 있으므로 현지 통화의 현금이 필요한 분은 반드시 여기서 버스비, 택시비에 필요한 현금을 환전하도록 합니다. 도착 로비에는 관광안내소(**Information**), 호텔 예약카운터(**Hotel Reservation**), 렌트카 회사(**Rent a car**), 공중전화(**Pay Phone**)나 자동판매기(**Vending Machine**), 화장실(**Restroom**) 등이 있으므로 이를 이용하실 수 있습니다.

❶ 입국심사대는 어디에 있습니까?

❷ 여권 좀 보여 주시겠습니까?

❸ 검역증명서도 보여주세요.

❹ 방문 목적은 무엇입니까?

❺ 휴가차 왔습니다. | 사업차 왔습니다.

❻ 여동생을 방문하러 왔습니다.

❼ 러시아 방문이 처음이십니까?

❽ 네, 이번이 처음입니다.

❾ 러시아에 얼마 동안 체류하십니까?

❶ Где иммиграционный контроль?
그제 이미그라찌온-늬 깐뜨롤-

❷ Покажите, пожалуйста, паспорт.
빠까쥐-쩨 빠좔-스따 빠-쓰뽀르뜨

❸ Покажите, пожалуйста,
сердификат о карантинах.
빠까쥐-쩨 빠좔-스따 씨르지피깟- 아까란찌-나흐

❹ Какая у вас цель поездки?
까까-야 우바-스 쨀- 빠예-스뜨끼

❺ Для отдыха / деловая.
들랴- 오-듸허 / 질라바-야

❻ Для посещения сестры.
들랴- 빠씨쉐-니야 씨스뜨르이-

❼ Это ваш первый визит в Россию?
에-떠 바-쉬 뻬-르브이 비지-뜨 브라씨-유

❽ Да. первый.
다 뻬-르브이

❾ Сколько дней вы будете в России?
스꼴-꺼 드녜-이 브이 부-지쩨 브라씨-이

❿ 30일입니다. / 3달 정도입니다.

⓫ 최종 목적지는 어딥니까?

⓬ 모스크바입니다.

⓭ 모스크바 어디에서 머무르실 겁니까?

⓮ 메즈두나로드나야 호텔에 머물 예정입니다.

⓯ 돌아갈 항공권을 갖고 계십니까?

⓰ 여기 있습니다.

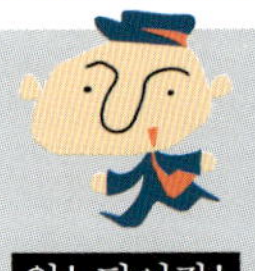

тридцать (뜨릿-짜찌) : 30

месяц (메-시쯔) : 달

конечное (까녜-쉬녀예) : 최종의

앗! 단어장!

4

❿ Тридцать дней /Месяца три.
뜨릿-짜찌 드녜-이 / 메-시짜 뜨리-

⓫ Где ваше конечное место назначения?
그제- 바-쉐 까녜-쉬너예 메-스떠 나즈나체-니야

⓬ Москва.
마스끄바-

⓭ Где вы будете в Москве?
그제- 브이 부-지쩨 브마스끄볘-

⓮ Я буду в гостинице Международной.
야 부-두 브가스찌-니쩨 미쥬두나로-드너이

⓯ У вас есть обратный авиабилет?
우바-스 예-스찌 아브라-뜨늬 아비아빌롓-

⓰ Вот, пожалуйста.
봇 빠좔-스따

место назначения
(메-스떠 나즈나체-니야) : 목적지
обратный (아브라-뜨늬) : 돌아가는
авиабилет (아비아빌롓-) : 항공권

앗! 단어장!

❶ 실례합니다만, 수하물 찾는 곳은 어디입니까?

❷ 수하물 찾는 곳은 저쪽입니다.

❸ 갈색가방이 제 것입니다.

❹ 나머지를 찾을 수가 없습니다.

❺ 분실물 신고소는 어디입니까?

❻ 실례합니다만, 제 가방을 찾을 수 없습니다.

❼ 제 짐을 찾을 수 있게 도와주시겠습니까?

❽ 이것이 저의 수하물 인환증입니다.

4

❶ Простите, где можно получить багаж?
쁘라스찌-쩨 그제- 모-즈너 빨루치-찌 바가-쉬

❷ Место багажа там.
메-스떠 바가-좌 땀

❸ Коричиневый чемодан - мой.
까리-치니브이 치마단- 모-이

❹ Я не могу найти остального.
야 니 마구- 나이찌- 아스딸-너버

❺ Где бюро находок?
그제- 뷰로- 나호-덕

❻ Извините, я не могу найти свой чемодан.
이즈비니-쩨 야 니 마구- 나이찌- 스보-이 치마단-

❼ Помогите, пожалуйста, получить мой багаж.
빠마기-쩨 빠좔-스따 빨루치-찌 모-이 바가-쉬

❽ Это мой багажный квиток.
에-떠 모-이 바가-쥐늬 끄비똑-

❶ 특별히 신고하실 것이 있습니까?

❷ 신고할 것이 없습니다.

❸ 신고할 것이 있습니다.

❹ 친구에게 줄 시계가 있습니다.

❺ 저는 위스키 두 병을 갖고 있습니다.

❻ 이것들은 모두 개인 소지품입니다.

❼ 이 카메라는 내가 사용하는 것입니다.

❽ 이 가방 좀 열어 주시겠습니까?

❾ 이 짐들을 보세창고에 맡겨 주십시오.

❶ У вас есть вещи для декларации?
우바-스 예-스찌 베-쉬 들랴- 지끌라라-찌이

❷ Ничего.
니치보-

❸ У меня есть вещь для декларации.
우미냐- 예-스찌 베-쉬 들랴- 지끌라라-찌이

❹ У меня есть часы для друга.
우미냐- 예-스찌 치씨- 들랴- 드루-가

❺ У меня две бутылки виски.
우미냐- 드베- 부뗼-끼 비-스끼

❻ Это все мои личные вещи.
에-떠 프쎄- 마이- 리-치늬예 베-쉬

❼ Этот фотоаппарат - мой.
에-떳 화따아빠랏- 모-이

❽ Откройте, пожалуйста, этот чемодан.
앗끄로-이쩨 빠좔-스따 에-떳 치마단-

**❾ Сохраните эти багажи в кладе
   таможенной закладной.**
싸흐라니-쩨 에-찌 바가-쥐 프끌라-제 따모-쥔너이
자끌라-드너이

❶ 관광안내소는 어디 있습니까?

❷ 유스호스텔이 현재 개장중입니까?

❸ 민박이 있습니까?

❹ 여기서 호텔을 예약하고 싶습니다.

❺ 근처의 괜찮은 호텔을 추천해주시겠습니까?

❻ 여행자를 위한 호텔에 묵고 싶습니다.

❼ 호텔까지 어떻게 갑니까?

❽ 시내로 가는 버스가 있습니까?

❾ 버스 정류장은 어디 있습니까?

4. 목적지 도착! -입국심사-

4

❶ Где бюро путешествий?
그제- 뷰로- 뿌찌쉐-스뜨비

❷ Сейчас работает молодёжная турбаза?
씨챠-스 라보-떠잇 말라죠-즈너야 뚜르바-저

❸ Можно ночевать в квартире?
모-즈너 나치바-찌 프끄바르찌-례

❹ Я хочу забронировать здесь.
야 하추- 자브라니-러바찌 즈제-씨

❺ Рекомендуйте, пожалуйста, близкую хорошую гостиницу.
리까민두-이쩨 빠좔-스따 블리-스꾸유 하로-슈유 가스찌-니쭈

❻ Я хочу быть в гостинице для туристов.
야 하추- 브이-찌 브가스찌-니쩨 들랴- 뚜리-스떠프

❼ Как доехать до гостиницы?
깍 다예-하찌 다가스찌-니찌

❽ Здесь есть автобус в центр?
즈제-씨 예-스찌 압또-부스 프짼-뜨르

❾ Где остановка автобуса?
그제- 아스따노-프꺼 압또-부싸

이민관리	иммиграционный конспектор
	이미그라찌온-늬 깐스빽-떼르
여행자	турист 뚜리-스뜨
관광	туризм 뚜리-즘
사업	бизнес 비-즈니스
연수	обучение 아부체-니예
회의	собрание 싸브라-니예
왕복표	билет в оба конца 빌롓-보-버 깐짜-
유실물 신고소	зона потерянной вещи
	조-너 빠쩨-린너이 볘-쉬
수하물 신고	багажная декларация
	바가-쥬너야 지끌라라-찌야
짐수레	тележка 찔례-슈꺼
세관직원	таможенник 따모-쥔닉
신고하다	заявить 자이비-찌
개인소유물	личные вещи 리-취늬예 볘-쉬
신변용품	частные предметы
	챠-스늬예 쁘리드몌-띠
선물	подарки 빠다-르끼
약	лекарство 리까-르스뜨버
반입금지품	запрещённые к ввозу предметы
	자쁘리숀-늬예 그보-주 쁘리드몌-띠
면세품	беспошлинные товары
	비스뽀-슐린늬예 따바-르이
관세법	таможенные пошлины
	따모-쥔늬예 뽀-슐리늬
식물검사	проверка растений
	쁘라볘-르꺼 라스쩨-니

5. 호텔의 이용!

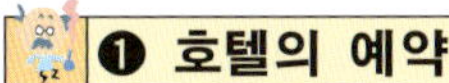

❶ 호텔의 예약!

구소련 지역을 여행할 때에는 출발 전에 미리 숙박할 곳을 정하고 숙박 요금도 선불로 지불한 후, 숙박 바우처를 받아서 가지고 나가는 것이 원칙입니다. 그러나 여행 일정이 변경된 다든지 하는 경우에는 현지에서 숙박지를 정해야 하는데 외국인의 경우 외국인용 호텔에만 머물수 있도록 되어 있고, 다른 나라처럼 관광안내소가 따로 운영되고 있지 않으므로 현지에서 호텔을 찾기는 쉽지가 않습니다. 따라서 역이나 공항에 있는 안내소나 여행사 등에 찾아가 도움을 받도록 합니다.

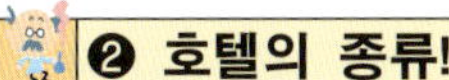

❷ 호텔의 종류!

호텔의 종류는 별 1개의 저렴한 곳부터 별 5개의 고급 호텔이 있으며, 영빈관 급의 최고급 호텔과 우리의 여관과 비슷한

호텔은 이렇게 이용!

 기숙사와 아파트를 개조하여 만든 곳도 있습니다. 그리고 객실의 등급은 저렴한 순으로 투어리스트, 퍼스트, 디럭스, 디럭스 스위트의 네 단계로 나뉘어집니다,

❸ 체크인!

체크인(**check in** : 숙박절차)은 프론트 데스크에서 합니다. 숙박카드를 기입하고 여권을 제시하는데, 숙박카드는 고급 호텔인 인투리스트 계열 호텔을 제외하고는 러시아어로 되어 있으며, 비자에 숙박 스탬프를 찍기 때문에 여권은 호텔에서 보관합니다. 러시아 지역은 당일 숙박비를 지불하게 되어 있으므로 요금을 지불한 후, 지불 증명서와 호텔 카드를 받아서 자기 방이 있는 층의 데쥬르나야에게 주면 방 열쇠를 받을 수 있습니다.

❹ 호텔의 이용!

호텔 내에는 여러가지 편의 시설이 있습니다. 우선 호텔 요금에 아침 식사비가 포함되어 있지 않은 경우가 대부분이므로 호텔 내에 있는 레스토랑에서 식사를 하도록 하며, 우체국과 환전소가 있으므로 이용하도록 합니다. 또, 베료스카라는 외국 상품을 파는 상점도 있습니다. 이런 편의 시설 등은 각각 영업시간이 다르므로 시간을 잘 확인한 후 이용하도록 합니다.

❺ 체크아웃!

호텔의 숙박료는 하루, 즉 24시간 단위로 받습니다. 통상 정오에서 다음날 정오까지를 일박으로 계산하며, 이때가 이른바 체크아웃 타임(**check-out time**)입니다. 그 이상 호

텔에 머물게 되면 할증요금이나 하루치의 숙박요금을 더 물게 됩니다. 호텔계산서에는 숙박비, 룸서비스를 이용해 드신 것의 요금, 식사대 (호텔의 레스토랑 또는 바에서 사인한 청구서 등), 호텔에서 외부에 건 전화요금, 세탁료 등이 계산되는데, 계산액이 정확히 맞는지 다시 한번 확인해 봅니다. 그리고 체크아웃시 여권과 다음 이동 장소로 가는 교통편의 차표, 호텔 바우처 등을 꼭 받아가도록 하는데, 경우에 따라서는 여권을 호텔 프론트가 아닌 인투리스트나 근처의 여권 보관소에 가서 받아야 할 때도 있습니다.

✚ 제주르나야

구소련 지역의 호텔에는 층별 담당자인 제주르나야가 있습니다. 그들은 각 방의 열쇠를 보관하고, 숙박객이 룸 이용시 불편한 점이 있을 때 도움을 줍니다. 예를 들어 욕실 용품이 떨어졌을 때같은 일에서부터 택시를 부르거나 하는 일에까지 전반적으로 숙박객들을 보살펴줍니다. 한가지 불편한 점으로는 이 곳에서는 제주르나야가 열쇠를 보관하게 되어 있으므로, 이용객은 열쇠를 가지고 근처에 쇼핑을 가거나 할 수 없습니다. 따라서 잠깐 동안 호텔을 비울 때에도 제주르나야에게 방을 열어 달라고 해야 하는 번거로움이 있습니다.

❶ 제 짐을 안으로 날라다 주세요.

❷ 이 호텔의 프론트 데스크는 어딥니까?

❸ 제 이름은 이영수입니다.

❹ 저는 예약을 했습니다.

❺ 이 숙박신고서를 기재해 주십시오.

❻ 지불은 현금과 카드, 어떻게 하시겠습니까?

❼ 비자카드를 사용하겠습니다.

❽ 현금으로 하겠습니다.

❾ 짐은 이것이 전부이십니까?

5. 호텔의 이용!

5

❶ Внесите, пожалуйста, мой багаж.
브니씨-쩨 빠좔-스따 모-이 바가-쉬

❷ Где администрация в этой гостинице?
그제- 아드미니스뜨라-찌야 베-떠이 가스찌-니쩨

❸ Меня зовут И Йонг Су.
미냐- 자붓- 이 영 수

❹ Я забронировал номер.
야 자브라니-러발 노-몌르

❺ Будьте добры, заполните этот
бланк.
붓-쩨 다브 르이- 자뽈-니쩨 에-떳 블란-끄

❻ Как вы оплатите, наличными или
карточкой?
깍 브이 아쁠라찌-쩨 날리-치늬미 일-리 까-르떠치꺼이

❼ Я оплачу кредитной карточкой VISA.
야 아쁠라추- 끄리지-뜨너이 까-르떠치꺼이 비자

❽ Наличными.
날리-치늬미

❾ Эти багажи все?
에-찌 바가-쥐 프세-

❶ 빈방이 있습니까?

❷ 예약은 못 했습니다.

❸ 다른 호텔을 추천해주시겠습니까?

❹ 더블룸으로 드릴까요, 싱글룸으로 드릴까요?

❺ 싱글룸을 부탁합니다.

❻ 일주일 동안 묵을 생각입니다.

❼ 욕실(샤워실)이 있는 방을 원합니다.

❽ 조용한 방으로 주세요.

❾ 전망 좋은 방을 부탁합니다.

❶ У вас есть свободный номер?
우바-스 예-스찌 스바보-드늬 노-메르

❷ Я не забронировал.
야 니 자브라니-러발

❸ Можно рекомендовать другую гостиницу?
보-즈너 리까민더바-찌 드루구-유 가스찌-니쭈

❹ На двоих или на одного?
나드바이-흐 일-리 나아드나보-

❺ На одного, пожалуйста.
나아드나보- 빠좔-스따

❻ Я буду неделю.
야 부-두 니젤-류

❼ Я хочу номер с душем.
야 하추- 노-메르 즈두-셤

❽ Я хочу тихий номер.
야 하추- 찌-히 노-메르

❾ Я хочу номер с хорошим видом.
야 하추- 노-메르 스하로-셤 비-덤

❿ 싸고 깨끗한 방을 부탁합니다.

⓫ 1박에 얼마입니까?

⓬ 아침 식사가 포함되어 있습니까?

⓭ 세금과 봉사료가 포함되어 있습니까?

⓮ 더 싼방은 없습니까?

⓯ 지금 곧 방을 사용할 수 있습니까?

⓰ 체크아웃은 언제입니까?

⓱ 방을 보여 주시겠습니까?

⓲ 이 방으로 하겠습니다.

❿ Дайте дешёвый и чистый номер, пожалуйста.
다-이쩨 지쑈-브이 이 치-스띠 노-메르 빠좔-스따

⓫ Сколько стоит в сутки?
스꼴-꺼 스또-잇 프숫-끼

⓬ В сумму входит плата за завтрак?
프쑴-무 프호-짓 쁠라-떠 자자-프뜨럭

⓭ Входит ли налоги и плата за обслуживание?
프호-짓리 날로-기 이 쁠라-떠 자압슬루쥐바-니예

⓮ Нет ли более дешёвого номера?
니옛-리 볼-리이 지쑈-버버 노-메라

⓯ Можно входить в номер сразу?
모-즈너 프하-지찌 브 노-메르 스라주-

⓰ Когда нужно рассчитываться?
까그다- 누-즈너 라쉬-띠벗쨔

⓱ Покажите, пожалуйста, номер.
빠까쥐-쩨 빠좔-스따 노-메르

⓲ Я возьму этот номер.
야 바지무- 에-떳 노-메르

❶ 냉방장치는 어떻게 조절합니까?

❷ 식당은 몇 시에 엽니까?

❸ 내 방에서 아침식사를 할 수 있습니까?

❹ 비상구는 어디에 있습니까?

❺ 더운 물이 나오지 않습니다.

❻ 잠깐만 기다려주세요.

❼ 비누(수건)가 없습니다.

регулировать (리굴리-러 바찌)
: 조절하다
кондиционер (깐지찌아녜-르)
: 냉방장치

앗! 단어장!

5

❶ Как регулировать этот кондиционер?
깍 리굴리-러바찌 에-떳 깐지찌아녜-르

❷ Когда открывается ресторан?
까그다- 앗끄르이바-잇쨔 리스따란-

❸ Могу ли завтракать в номере?
마굴-리 사-프러까씨 브노-메례

❹ Где запасной выход?
그제 자빠쓰노-이 브이-헛

❺ Нет горячей воды.
니옛- 가랴-취 바듸-

❻ Подождите минутку.
빠다쥐-쩨 미누-뜨꾸

❼ Нет мыла(полотенцы).
니옛- 므일-라 (빨라쨴-찌)

запасной выход (자빠쓰노-이 브이-헛)
    : 비상구
мыло (므일-러) : 비누
ресторан (리스따란-) : 식당

앗! 단어장!

❶ 룸서비스는 어떻게 부릅니까?

❷ 룸서비스 부탁합니다.

❸ 스크램블 에그 두개와 커피를 부탁합니다.

❹ 방 번호를 가르쳐 주십시오.

❺ 여긴 305호실입니다.

❻ 7시 30분에 모닝콜 좀 부탁드릴게요.

❼ 주문한 아침식사가 아직도 오지 않았습니다.

❽ 따끈한 음료수 한 잔 가져다 주세요.

5. 호텔의 이용!

5

❶ Как вызывать горничную?
깍 브이-지바찌고-르니치누유

❷ Прошу обслуживать меня в номере.
쁘라슈- 압슬루-쥐바찌 미냐- 브노-메레

❸ Принесите два омлета и кофе,
пожалуйста.
쁘리니씨-쩨 드바- 아믈례-따 이 꼬-훼 빠쫠-스따

❹ Скажите, пожалуйста, ваш номер.
스까쥐-쩨 빠쫠-스따 바-쉬 노-메르

❺ Мой номер 305.
모-이 노-메르 뜨리-스따 빠-찌

❻ Разбудите пожалуйста,
в половину восьмого.
라즈부지-쩨 빠쫠-스따 프빨라비-누 바지모-버

❼ Ещё не приносят заказанный
завтрак.
이쑈- 니 쁘리노-싯 자까잔-늬 자-프뜨럭

❽ Принесите, пожалуйста,
горячего напитка.
쁘리니씨-쩨 빠쫠-스따 가랴-체버 나삣-까

❻ 프론트의 이용 1.

❶ 제 열쇠를 주십시오.

❷ 내 방 자물쇠가 고장났습니다.

❸ 방에 열쇠를 놓아둔 채 문을 닫았습니다.

❹ 방을 바꾸고 싶습니다.

❺ 이 방은 너무 시끄럽습니다.

❻ 귀중품을 맡아 주시겠습니까?

❼ 이 짐을 좀 보관해 주시겠습니까?

❽ 제 짐을 다시 찾고 싶습니다.

❾ 제게 온 편지는 없습니까?

5. 호텔의 이용!

5

❶ Дайте, пожалуйста, мой ключ.
다-이쩨 빠좔-스따 모-이 끌류-치

❷ Ключ от моего номера сломался.
끌류-치 앗마이보- 노-메라 슬라말-샤

❸ Я оставил (남자) / оставила (여자)
ключ в номере.
야 아스따-빌 / 아스따-빌라 끌류-치 브노-메레

❹ Я хочу поменять номер.
야 하추- 빠미냐-찌 노-메르

❺ Это слишком шумный номер.
에-떠 슬리-쉬껌 슘-늬 노-메르

❻ Могу ли я сдать ценные вещи на
хранение?
마굴-리 야 즈다-찌 짼-늬예 볘-쉬 나흐라녜-니예

❼ Можно оставить этот багаж?
모-즈너 아스따-비찌 에-떳 바가-쉬 `

❽ Я хочу получить мой багаж.
야 하추- 빨루치-찌 모-이 바가-쉬

❾ Нету ли какого-нибудь письма
для меня?
니예-뚤리 까꼬-버니붓 삐씨마- 들랴- 미냐-

❿ 제게 남겨진 메모는 없습니까?

⓫ 이 편지를 항공편으로 부쳐 주십시오.

⓬ 식당은 어디에 있습니까?

⓭ 아침식사는 몇 시에 들 수 있습니까?

⓮ 이 호텔의 주소를 알려 주십시오.

⓯ 하루 더 묵고 싶습니다.

записка (자삐-스꺼) : 메모

отправить (앗쁘라-비쩨) : 보내다

письмо (삐 씨모-) : 편지

5

❿ Есть ли какая-н ибудь записка
для меня?
예-스찔리 까까-야니붓 자삐-스꺼 들랴- 미냐-

⓫ Отправьте это письмо авиапочтой,
пожалуйста.
앗쁘라-휘쩨 에-떠 삐씨모- 아미아뽀-치떠이 빠좔-스따

⓬ Где ресторан?
그제- 리스따란-

⓭ В котором часу можно завтракать?
프까또-럼 치쑤- 모-즈너 자-프뜨러까찌

⓮ Скажите, пожалуйста, адрес этой
гостиницы.
스까쥐-쩨 빠좔-스따 아-드레스 에-떠이 가스찌-니찌

⓯ Я хочу остановиться ещё на
одни сутки.
야 하추- 아스따나빗-쨔 이쑈- 나아진- 숫-끼

авиапочта (아비아뽀-치떠) : 항공편

адрес (아-드레스) : 주소

остановиться (아스따나빗-쨔) : 남다

앗! 단어장!

❶ 식당은 몇 층에 있습니까?

❷ 무엇을 주문하시겠습니까?

❸ 미국식 아침식사 주십시오.

❹ 계란 후라이와 베이컨을 주세요.

❺ 토스트는 너무 딱딱하지 않게 해 주세요.

❻ 물 좀 주시겠습니까?

❼ 카페인 없는 커피 있습니까?

❽ 계산서를 주시겠습니까?

❾ 요금을 숙박비에 포함시켜 주시겠습니까?

5. 호텔의 이용!

5

❶ На котором этаже находится ресторан?
나 까또-럼 에따-줴 나호-짓쨔 리스따란-

❷ Что вы будете заказывать?
슈또- 브이 부-지쩨 자까-지바찌

❸ Мне завтрак по-американски.
므네- 사-프뜨딕 빠아미리깐-스끼

❹ Мне яичницу и бекон, пожалуйста.
므네- 이이-치니쭈 이 비꼰- 빠좔-스따

❺ Приготовьте не слишком хрустящий
тост, пожалуйста.
쁘리가또-휘쩨 니 슬리-쉬껌 흐루스짜-쉬 또-스뜨 빠좔-스따

❻ Пожалуйста, воды.
빠좔-스따 바듸-

❼ У вас есть кофе без кофеина?
우 바스 예스찌 꼬-훼 비스 까훼이-나

❽ Принесите счёт, пожалуйста.
쁘리니씨-쩨 숏- 빠좔-스따

❾ Включите, пожалуйста, эту сумму
в плату за номер.
프끌류치-쩨 빠좔-스따 에-뚜 숨-무 프쁠라-뚜 자노-메르

❾ 체크아웃

❶ 내일 아침 일찍 체크아웃하겠습니다.

❷ 오늘밤 안으로 계산서를 준비해 주세요.

❸ 짐을 가지고 내려갈 사람을 보내주세요.

❹ 지금 체크아웃하고 싶습니다.

❺ 숙박비가 어떻게 되죠?

❻ 527호의 김진수입니다.

❼ 여행자수표 받습니까?

❽ 여기 제 방 열쇠입니다.

❾ 제 짐은 내려왔습니까?

5

❶ Я рассчитаюсь за гостиницу завтра рано утром.
야 라쉬따-유씨 자 가스찌-니쭈 자-프뜨러 라-너 우-뜨럼

❷ Я хочу получить счёт сегодня вечером.
야 하추- 빨루치-찌 숏- 씨보-드냐 베-체럼

❸ Позовите, пожалуйста, носильщика.
빠자비-쩨 빠좔-스따 나씰-쉬까

❹ Я хочу рассчитаться сейчас.
야 하추- 라쉬땃-짜 씨챠-스

❺ Сколько стоит плата за номер?
스꼴-꺼 스또-잇 쁠라-떠 자노-메르

❻ Меня зовут Ким Чин Су, мой номер 527.
미냐- 자붓- 김 진 수 모-이 노-메르 뼷숏- 드밧-짜찌셈

❼ Можно платить дорожными чеками?
모-즈너 쁠라찌-찌 다로-즈늬미 체-꺼미

❽ Вот ключ от моего номера.
봇 끌류-치 앗마이보- 노-메라

❾ Снесли мой багаж?
스니슬리- 모-이 바가-쉬

❶ 유스호스텔로 가는 길 좀 알려주시겠습니까?

❷ 걸어서 얼마나 걸립니까?

❸ 몇 번 버스를 타야합니까?

❹ 여기서 오늘 밤 묵을 수 있습니까?

❺ 오늘 밤 3인용 침대가 있습니까?

❻ 1박에 얼마입니까?

❼ 3일간 머무르고 싶습니다.

❽ 시트를 빌려 주십시오.

❾ 아침식사는 얼마입니까?

❶ Скажите, пожалуйста, как доехать до молодёжной турбазы?
스까쥐-쩨 빠좔-스따 깍 다예-하찌 다 말라죠-즈너이 뚜르바지

❷ Сколько времени займёт пешком?
스꼴-꺼 브례-미니 자이묫- 뻬-쉬껌

❸ На какой автобус мне надо ехать?
나 까꼬-이 압또-부스 므녜- 나-더 예-하찌

❹ Можно здесь остановиться сегодня?
모-즈너 즈제-씨 아스따나빗-쨔 씨보-드냐

❺ Сегодня у вас есть кровать на троих?
씨보-드냐 우바-스 예-스찌 끄라바-찌 나 뜨라이-흐

❻ Сколько стоит в сутки?
스꼴-꺼 스또-잇 프수-뜨끼

❼ Я хочу остановиться на три дня.
야 하추- 아스따나빗-쨔 나 뜨리- 드냐-

❽ Можно взять простыню?
모-즈너 브쟈-찌 쁘라스띄-뉴

❾ Сколько стоит за завтрак?
스꼴-꺼 스또-잇 자자-프뜨럭

⑩ 취사를 할 수 있습니까?

⑪ 냄비를 빌려 주십시오.

⑫ 짐을 이곳에 놓아도 됩니까?

⑬ 짐은 어디에 맡기면 됩니까?

⑭ 락카는 어디 있습니까?

⑮ 주의해야 할 사항이 있습니까?

⑯ 시내 지도는 있습니까?

готовить (가또-비 찌) : 요리하다

взять (브쟈찌) : 빌리다

положить (빨라줘-찌) : 놓다

5

⑩ Можно готовить?
모-즈너 가또-비찌

⑪ Можно взять кострюлю?
모-즈너 브쟈-찌 까스뜨률-류

⑫ Можно положить сюда мой багаж?
모-즈너 빨라쥐-찌 슈다- 모-이 바가-쉬

⑬ Где можно оставить вещи?
그제- 모-즈너 아스따비-찌 베-쉬

⑭ Где камера хранения?
그제- 까-미러 흐라녜-니야

⑮ Есть ли какая-нибудь обязанность?
예-스찔리 까까-야니붓 아비쟌-너스찌

⑯ У вас есть карта города?
우바-스 예-스찌 까-르떠 고-러다

камера хранения
(까-미러 흐라녜-니야) : 보관함
город (고-럿) : 도시
карта (까-르떠) : 지도

앗! 단어장!

관광호텔	гостиница	가스찌-니쩌
관광지호텔	курорт	꾸로-르뜨
프론트 데스크	администрация	
		아드미니스뜨라-찌야
숙박신고서	регистрационную карточку	
		리기스뜨라찌온-누유 까-르떠치꾸
지배인	директор	지렉-떠르
회계원	кассир	까씨-르
손님	гость	고-스찌
손님	клиент	끌리엔-뜨
1인실 침대 한 개	номер на одного	
		노-메르 나아드나보-
침대 두 개	с двумя кроватями	
		즈드부먀- 끄라바-찌미
부부용	с двуспальной кроватью	
		즈드부스빨-너이 끄라바-찌유
전망 좋은 방	номер с хорошим видом	
		노-메르 스하로-쉼 비-덤
조용한 방	тихий номер	찌-히 노-메르
난방	отопление	아따쁠레-니예
냉난방	кондиционирование воздуха	
		깐지찌아니-러바니예 보-즈두하
방열쇠	ключ от номера	끌류-치 앗노-메라
보조열쇠	запасной ключ	자빠스노-이 끌류-치
계산서	счёт	숏
영수증	квитанция	끄비딴-찌야
별도요금	дополнительный сбор	
		다빨니-찔-늬 즈보-르
귀중품보관소	сейф	쎄-이프

메시지함	ящик для записи	
	이쉭- 들랴- 자-삐씨	
욕실	ванная	반-나야
욕조	ванна	반-너
샤워	душ	두-쉬
비누	мыло	므일-러
목욕타월	полотенце	빨라 짼-쩨
수건	полотенце	빨라 짼-쩨
핸드타월	носовой платок	
	나싸보-이 쁠라똑-	
비누수건	полотенце для мытья	
	빨라 짼-쩨 들랴- 므이찌야	
화장실	туалет	뚜알렛-
화장실	уборная	우보-르나야
휴지	туалетная бумага	
	뚜알렛-나야 부마거	
비상구	запасной выход	
	자빠스노-이 브이-헛	
지하실	подвал	빠드발-
복도	коридор	까리도-르
1층	первый этаж	뻬-르브이 에따쉬
2층	второй этаж	
	프따로-이 에따-쉬	
엘리베이터	лифт	리-프뜨
층계	лестница	례-스니쩌
로비	лобби	로-비
행사장	приёмная	쁘리욤-너야
식당	ресторан	리스따란-
커피숍	кафе	까훼-

✚ 유스호스텔 정보!

유스호스텔(**Youth hostel**)은 저렴한 숙박비와 깨끗한 시설로 배낭 여행객에게는 더없이 훌륭한 숙소입니다. (유스호스텔에서는 팁이 없습니다.)
그러나 모스크바에는 정식 유스호스텔은 없고 협력 호텔이 두 군데 있어서 ISIC카드나 YH카드를 제시하면 할인 혜택을 받을 수 있습니다. Travellers Guest House와 G&R HOSTEL ASIA가 그 곳인데, 도미토리가 가능하고 ISIC카드나 YH카드 소지시 10% 정도 할인됩니다.

✚ 모스크바의 호텔!

요즘은 모스크바에도 외자계 호텔이 많이 생겼습니다. 발축켐펜스키 모스크바, 매리어트 로얄 아브로라, 힐튼, 쉐라톤 워커힐, 나치오날, 메트로폴, 메즈두나로드나야, 사보이 호텔 등이 그것인데, 세계적인 수준의 서비스를 제공합니다.
그외에 가격도 비싸지 않고 교통도 편리한 곳으로는 크렘린 부근의 모스크바, 러시아, 인투리스트 호텔 등이 있는데, 특급 호텔에 비해 가격은 저렴하지만 난방이 잘 안되고 시설들이 낙후되어 있습니다.

6. 식당과 요리!

❶ 러시아 요리!

지역적으로 광대한 구소련 지역에서는 러시아, 코카서스, 우크라이나 등 각 지역의 다양한 요리가 한데 어우러져 있습니다. 따라서 러시아 모스크바의 가정에서도 이러한 여러 지역의 음식들을 골고루 맛볼 수 있는데, 전형적인 러시아 음식이라 하면 기름에 튀긴 만두인 피로슈키와 시베리아식 물만두인 펠메니를 들 수 있습니다.

러시아 요리의 일반적인 식단은 전채, 수프, 따뜻한 요리, 후식, 음료수 등으로 나눌 수 있습니다. 전채요리로는 야채 샐러드와 함께 차가운 육류나 청어 절임 또는 캐비아 등이 포도주나 보드카와 함께 나옵니다. 수프는 고기와 야채로 만든 솔랸카, 생선을 이용한 우하, 토마토로 만든 보르쉬 등이 있으며, 주요리인 따뜻한 요리는 쇠고기로 만든 비프 스트로가

노프와 양고기를 구운 샤실리크가 있습니다. 마지막으로 후식으로는 케이크나 파이, 아이스크림, 잼을 곁들인 홍차를 마십니다.

 **❷ 식당의 종류!**

식사를 할 수 있는 식당의 종류로는 레스타란, 카페, 스탈로바야, 간이 식당 등이 있습니다.
레스타란은 정식 코스가 순서대로 제공되는 고급 레스토랑으로 미리 예약을 하는 것이 좋습니다. 카페는 우리처럼 차를 마시는 곳이기 보다는 식사와 더불어 차를 마시는 곳으로서 예약을 안 해도 되며, 레스타란에 비해 가격도 저렴합니다. 스탈로바야는 주로 셀프 서비스인 곳으로서 서민들이 주로 이용하는 식당이고, 간이 식당은 피로슈키나, 펠메니, 샌드위치, 샤실리크 등 한 가지 음식만을 파는 곳입니다.

 **❸ 대표적인 음식!**

빵 : 호밀이 주원료인 빵은 러시아인들의 주식으로 찰지고 신 맛이 납니다. 빵과 소금은 러시아 지방에서는 예로부터 손님에 대한 환대를 뜻하므로 러시아 사람들은 손님에게 큰 빵에 소금을 조금 얹어서 대접합니다. 그러면 손님도 그것을 조금 뜯어서 먹음으로써 환대에 대한 고마움을 표시합니다.

크바스 : 호밀이나 보리의 맥아를 원료로 해서 만든 갈색 청량 음료로서 탄산과 젖산, 저알콜의 독특한 맛이 납니다.

마로제노예 : 유지방이 듬뿍 들어 있는 아이스크림인 마로제노예는 러시아 사람이면 남녀노소를 가리지 않고 일년 내내 먹는 것으로서 길모퉁이에 있는 마로제노예 가게나 키오스크에서 판매합니다. 초콜릿을 위에 덮은 에스키모, 과일 맛의 프루크투보에, 저칼로리의 프롬빌 등 다양한 종류의 마로제노예를 꼭 한번 먹어보도록 합니다.

러시아 차 : 러시아 사람들은 차를 마실 때 잼이나 브랜디와 함께 마시는데 차에 브랜디를 넣어 마시거나 잼을 떠서 핥으면서 차를 조금씩 마십니다.

✚ 테이블 매너!

식사를 할 때 지켜야 하는 매너와 에티켓입니다.
ⓐ 냅킨은 무릎위에 펼쳐 놓습니다.
ⓑ 차를 마실 때 잔은 한 손으로 잡습니다.
ⓒ 찻잔에 티스푼을 넣어둔 채 차를 마시지 않습니다.
ⓓ 음식은 소리나지 않게 먹으며, 입에 가득 넣은 채 말을 해서는 안됩니다.
ⓔ 접시나 그릇을 든 채 식사하지 않습니다.
ⓕ 빵은 손으로 뜯어서 먹습니다.
ⓖ 떨어뜨린 식사도구는 다시 주문합니다.
ⓗ 이쑤시개의 사용을 피하고, 트림을 삼가합니다.

❶ 거기 예약이 필요합니까?

❷ 오늘 저녁 4인석을 예약할 수 있습니까?

❸ 알겠습니다. 성함을 말씀해 주세요.

❹ 제 이름은 이입니다.

❺ 몇 분이십니까?

❻ 일행이 여섯 명입니다.

❼ 정장 차림을 해야하나요?

надо (나-더) : 필요하다

заказать (자까자-찌) : 예약하다

앗! 단어장!

❶ Надо заказать столик?
나-더 자까자-찌 스딸릭-

❷ Можно заказать столик на четырёх сегодня вечером?
모-즈너 자까자-찌 스딸릭- 나치띠료-흐 씨보-드냐 베-체럼

❸ Хорошо. Как вас зовут?
하라쇼- 깍 바-스 자붓-

❹ Меня зовут И.
미냐- 자붓- 이

❺ Сколько человек?
스꼴-꺼 칠라벡-

❻ Нас шестеро.
나스 쉐-스찌러

❼ Надо разодеваться?
나-더 라자지밧-쨔

Сколько (스꼴-꺼) : 얼마나

разодеваться (라자지밧-쨔)

: 차려입다

앗! 단어장!

❶ 안녕하십니까? 몇분이시죠?

❷ 세명입니다.

❸ 잠시 여기서 기다려 주십시오.

❹ 창가쪽 좌석으로 해 주세요.

❺ 좌석이 생길 때까지 기다려도 되겠습니까?

❻ 얼마나 기다려야 합니까?

❼ 테이블이 마련되어 있습니다.

앗! 단어장!

подождать (빠 다쥬 다 찌)

: 잠깐 동안 기다리다

попросить (빠 쁘라 씨-찌) : 부탁하다

❶ Здравствуйте, сколько человек?
즈드라-스뜨브이쩨 스꼴-꺼 칠라벡-

❷ Нас трое.
나-스 뜨로-예

❸ Подождите, пожалуйста.
빠다쥐-쩨 빠좔-스따

❹ Попрошу место у окна.
빠쁘라슈- 메-스떠 우아끄나-

❺ Можно ждать пока будет
свободное место?
모-즈너 쥬다-찌 빠까- 부-짓 스바보-드너예 메-스떠

❻ Сколько надо ждать?
스꼴-꺼 나-더 쥬다-찌

❼ Готов столик для вас.
가또-프 스딸릭- 들랴- 바-스

окно (아끄노-) : 창문

столик (스딸릭-) : 테이블

место (메-스떠) : 좌석

앗! 단어장!

❸ 식사의 주문!

❶ 메뉴를 보여 주십시오.

❷ 이것으로 주세요.

❸ 뭐 추천할 만한 음식이 있습니까?

❹ 오늘의 특별요리는 무엇입니까?

❺ 나는 바닷가재 요리를 먹겠어요.

❻ 정식을 먹겠습니다.

❼ 가벼운 걸로 하겠습니다.

❽ 스테이크를 어떻게 익혀드릴까요?

❾ 반쯤 익혀주세요.

❶ Покажите, пожалуйста, меню.
빠까쥐-쩨 빠좔-스따 미뉴-

❷ Прошу это.
쁘라슈- 에-떠

❸ Что вы мне посовстуете взять?
슈또- 브이 므네- 빠싸볘-뚜이쩨 브쟈-찌

❹ Какое сегодня специальное блюдо?
까꼬-예 씨보-드냐 스뻬찌알-너예 블류-더

❺ Мне омар, пожалуйста.
므네- 아마-르 빠좔-스따

❻ Мне комплексный обед, пожалуйста.
므네- 깜쁠렉-스늬 아벳- 빠좔-스따

❼ Я возьму лёгкую закуску.
야 바지무- 료-흐꾸유 자꾸-스꾸

❽ Как прожарить штекс?
깍 쁘라좌-리찌 슈떽-쓰

❾ Средне, пожалуйста.
스레-드니 빠좔-스따

❶ 수프로 주세요.

❷ 샐러드로 주세요.

❸ 어떤 드레싱을 좋아하십니까?

❹ 어떤 종류들이 있는데요?

❺ 싸우전드 아일랜드를 주세요.

❻ 블루치즈로 하겠습니다.

❼ 감자는 어떤 것으로 드시겠어요?

❽ 튀긴 감자로 주세요.

❾ 구운 감자로 주세요.

6

❶ Дайте суп, пожалуйста.
다-이쩨 숩 빠좔-스따

❷ Мне салад, пожалуйста.
므녜- 살랏- 빠좔-스따

❸ Какой соус вы любите?
까꼬-이 쏘-우스 브이 류비-쩨

❹ Какие у вас есть?
까끼-예 우바-스 예-스찌

❺ Соус -'Тысяча остров', пожалуйста.
쏘-우스 띠-시챠 오-스뜨러프 빠좔-스따

❻ Мне голубой сыр, пожалуйста.
므녜- 갈루보-이 스이-르 빠좔-스따

❼ Какой картофель вы хотите?
까꼬-이 까르또-필- 브이 하찌-쩨

❽ Картофель фри, пожалуйста.
까르또-필- 프리- 빠좔-스따

❾ Печёный картофель, пожалуйста.
삐쵸-늬 까르또-필- 빠좔-스따

❿ 디저트는 무엇으로 드시겠습니까?

⓫ 바닐라 아이스크림으로 주세요.

⓬ 홍차로 주세요.

⓭ 맛있게 드세요.

⓮ 더 주문할 것이 있습니까?

⓯ 커피를 더 드시겠어요?

⓰ 네, 부탁합니다.

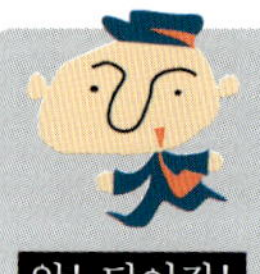

десерт (지쎄-르뜨) : 디저트

ванильный (바닐-늬) : 바닐라의

мороженое (마로-쥐너예) : 아이스크림

❿ Что вы хотите на десерт?
슈또- 브이 하찌-쩨 나 지쎄-르프

⓫ Мне ванильное мороженое, пожалуйста.
므녜- 바닐-너예 마로-쥐너예 빠좔-스따

⓬ Чай, пожалуйста.
챠-이 빠좔-스따

⓭ Приятного аппетита.
쁘리야-뜨너버 압뻬찌-따

⓮ Что-нибудь ещё?
슈또-니붓 이쑈-

⓯ Вы хотите ещё кофе?
브이 하찌-쩨 이쑈- 꼬-훼

⓰ Да, пожалуйста.
다 빠좔-스따

приятный (쁘리야-뜨늬) : 즐거운

аппетит (압뻬찟-) : 식욕

ещё (이쑈-) : 그밖에

❶ 주문한 요리가 아직 안 나왔습니다.

❷ 이것은 내가 주문한 것이 아닙니다.

❸ 이 요리는 어떻게 먹는거죠?

❹ 스푼을 떨어뜨렸습니다.

❺ 소금을 건네주세요.

❻ 물 좀 주세요.

❼ 빵을 조금 더 주세요.

заказанный (자까잔-늬) : 주문된

ещё (이쏘-) : 아직

есть (예-스찌) : 먹다

❶ Ещё не принесли заказанное блюдо.
이쏘- 니 쁘리니슬리- 자까잔-너예 블류-더

❷ Этого я не заказывал (남자) /
Этого я не заказывала (여자)
에-떠버 야 니 자까-즈이벌 / 에-떠버 야 니 자까-즈이벌라-

❸ Как едят это блюдо?
깍 이잣- 에-떠 블류-더

❹ Я уронил ложку (남자) /
Я уронила ложку (여자)
야 우라닐- 로-슈꾸 / 야 우라닐-라 로-슈꾸

❺ Передайте соль, пожалуйста.
삐리다-이쩨 쏠- 빠좔-스따

❻ Пожалуйста, воды.
빠좔-스따 바듸-

❼ Пожалуйста, ещё хлеба.
빠좔-스따 이쏘- 흘레-바

уронить (우라니-쩨) : 떨어뜨리다

соль (쏠-) : 소금

хлеб (흘렙-) : 빵

앗! 단어장!

7 식당을 찾을 때!

❶ 무엇을 좀 먹고 싶습니다.

❷ 근처에 맛있는 레스토랑이 있습니까?

❸ 이 지방의 명물 요리를 먹고 싶습니다.

❹ 나는 프랑스 요리를 먹고 싶습니다.

❺ 이 근처에 중국 음식점은 없습니까?

❻ 중국 음식점으로 갑시다.

❼ 이 자리에 앉아도 됩니까?

❽ 메뉴를 보여 주십시오.

❶ Я хочу есть что-нибудь.
야 하추- 예-스찌 슈또-니붓

❷ Есть ли поблизости хороший ресторан?
예-스찔리 빠블리-저스찌 하로-쉬 리스따란-

❸ Я хочу попробовать местное блюдо.
야 하추- 빠쁘로-버바찌 메-스너예 블류-더

❹ Я хочу попробовать какое-нибудь французское блюдо.
야 하추- 빠쁘로-버바찌 까꼬-이니붓 프란쭈-스꺼예 블류-더

❺ Нету ли поблизости китайского ресторана?
니예-뚤리 빠블리-저스찌 끼따-이스꺼버 리스따라-나

❻ Поидёмте в китайский ресторан.
빠이좀-쩨 프끼따-이스끼 리스따란-

❼ Можно занять это место?
모-즈너 자냐-찌 에-떠 메-스떠

❽ Покажите, пожалуйста, меню.
빠까쥐-쩨 빠쫠-스따 미뉴-

❽ 패스트푸드점

❶ 빅맥 햄버거와 콜라 중간 것 하나 주세요.

❷ 햄 샌드위치 하나와 오렌지 주스를 주세요.

❸ 토핑은 무엇으로 하시겠습니까?

❹ 멸치만 빼고 다른 건 다 올려주세요.

❺ 후식은 어떤 것을 드릴까요?

❻ 커피로 하겠어요.

❼ 더 주문하실 것은 없으십니까?

❽ 네, 그게 다예요.

❾ 여기서 드실건가요, 가지고 가실건가요?

❶ Дайте, пожалуйста, Виг Мак и колу среднего размера.
다-이쩨 빠좔-스따 빅 막 이 꼴-루 스레-드니버 라즈메-라

❷ Дайте бутерброд с ветчиной и апельсиновый сок, пожалуйста.
다-이쩨 부찌르브롯- 스빗치-너이 이 아뻴-씨-너브이 쏙 빠좔-스따

❸ Какую подливу вы хотите?
까꾸-유 빠들리-부 브이 하찌-쩨

❹ Все кроме анчоуса.
프쎄- 끄로-미 안쵸-우싸

❺ Что вы хотите на десерт?
슈또- 브이 하찌-쩨 나지쎄-르뜨

❻ Кофе, пожалуйста.
꼬-훼 빠좔-스따

❼ Больше не хотите?
볼-쉐 니 하찌-쩨

❽ Да, это всё.
다 에-떠 프쑈-

❾ Вам есть здесь, или завернуть?
밤 예-스찌 즈제-씨 일-리 자비르누-찌

❾ 식사비의 계산!

❶ 계산서 부탁합니다.

❷ 계산서에 봉사료까지 포함되어 있습니까?

❸ 각자 냅시다.

❹ 내가 지불하겠습니다.

❺ 선불입니까?

❻ 비자카드를 받나요?

❼ 거스름 돈이 틀립니다.

счёт (숏) : 계산서
входить (프하-지찌) : 포함되다
плата за обслуживание
(쁠라떠 자압슬루쥐바-니예) : 봉사료

앗! 단어장!

❶ Счёт, пожалуйста.
숏 빠좔-스따

❷ В эту сумму входит плата за
обслуживание?
베-뚜 숨-무 프호-짓 쁠라-떠 자 압슬루쥐바-니예

❸ Платим каждый за себя.
쁠라찜- 까-쥬듸 자씨뱌-

❹ Я заплачу.
야 자쁠라추-

❺ Надо платить авансом?
나-더 쁠라찌-찌 아반-썸

❻ Вы принимаете карточку **VISA**?
브이 쁘리니마-이쩨 까-르떠치꾸 비자

❼ Вы неправильно сосчитали сдачу.
브이 니쁘라-빌-너 싸쉬딸-리 즈다-추

платить (쁠라찌-찌) : 지불하다

авансом (아반-썸) : 선불로

принимать (쁘리니마-찌) : 받다

앗! 단어장!

➡ 식당 관련 단어표현

식당	ресторан	리스따란-
식사	еда	이다-
주문	заказ	자까-스
메뉴	меню	미뉴-
아침식사	завтрак	자-프뜨럭
점심식사	обед	아벳-
저녁식사	ужин	우-쥔
양식	европейское блюдо	
		이브라-뻬-이스꺼예 블류-더
양식	европейская кухня	
		이브라-뻬-이스꺼야 꾸-흐냐
프랑스요리	французское блюдо	
		프란쭈-스꺼예 블류-더
중국요리	китайская кухня	
		끼따-이스까야 꾸-흐냐
향토음식	местное блюдо	
		메-스너예 블류-더

➡ 요리 관련 단어표현

식전술	аперитив	아삐리찝-
전채요리	закуски	자꾸-스끼
샐러드	салад	살랏-
수프	суп	숩-
맑은 수프	бульон	불리온-
진한 수프	(густой) суп	(구스또-이) 숩-

주요리	основное блюдо	
	아스나브노-예 블류-더	
주요리	главное блюдо	
	글라-브너예 블류-더	
일품요리	порционное блюдо	
	빠르찌온-너예 블류-더	
밥	рис	리-쓰
빵	хлеб	흘렙-
흰빵	белый хлеб	벨-르이 흘렙-
롤빵	булочка	불-러치꺼
크라상	рогалик	라갈-릭
오트밀	овсянка	압샨-꺼
콘프레이크	корнфлекс	까른플렉-쓰
육류	мясо	먀-써
쇠고기	говядина	가비지-너
스테이크	штекс	쉬떽-스
돼지고기	свинина	스비니-너
닭고기	куриное блюдо	꾸리-너예 블류-더
생선	рыба	르이-버
양고기	баранина	바라니-너
해물요리	морепродукты	
	마리쁘라둑-띠	
바다가재	омар	아마-르
게	краб	끄랍-
작은새우	мелкая креветка	
	멜-꺼야 끄리벳-꺼	
참새우	креветка	끄리벳-꺼
조개	раковина	라꺼비-너
굴	устрица	우-스뜨리쩌

➡ 디저트 관련 단어표현

디저트	десерт	지쎄-르뜨
푸딩	пудинг	뿌-징그
샤베트	шербет	쉬르벳-
파이	пирог	삐록-
케익	торт	또-르뜨
아이스크림	мороженое	마로-쥐너예
초컬릿	шоколад	샤깔랏-
커피	кофе	꼬-훼
아이리쉬 커피	ирланский кофе	
		이를란-스끼 꼬-훼
우유	молоко	말라꼬-
(뜨거운) 우유	(горячее)молоко	
		(가랴-치예) 말라꼬-
코코아	какао	까까-어
홍차	чай	챠-이
레몬수	лимонад	리마낫-
소다수	содовая вода	쏘-더버야 바다
코카콜라	кока-кола	꼬-까꼴-라
음료수	питьё	삐찌요-
음료수	напиток	나삐-떡
과일주스	фруктовый напиток	
		프룩또-브이 나삐-떡

청량음료수	прохладительный напиток	
	쁘라흘라지-쩰-늬 나삐-떡	
접시	тарелка	따렐-꺼
나이프(칼)	нож	노-쉬
포크	вилка	빌-꺼
숟가락	ложка	로슈-꺼
젓가락	палочки	빨-러 치끼
냅킨	салфетка	쌀훼-뜨꺼
이쑤시개	зубочистка	주버치-스뜨꺼
재떨이	пепельница	뻬-뻴-니 쩌

➡ 기타 식사 관련 단어표현

계산서	счёт	숏-
좌석요금	плата за место	
	쁠라-떠 자몌-스떠	
서비스요금	плата за обслуживание	
	쁠라-떠 자압슬루쥐바-니예	
팁	чаевые	차이브이-예
웨이터	официант	아피찌안-뜨
웨이트레스	официантка	아피찌안-뜨꺼

❶ 무엇을 드시겠습니까?

❷ 스카치 위스키에 얼음을 넣어 주세요.

❸ 물을 탄 위스키를 한잔 부탁합니다.

❹ 와인 리스트를 부탁합니다.

❺ 이 지방의 포도주를 먹겠습니다.

❻ 맥주 주세요.

❼ 실례합니다만 어떤 맥주가 있죠?

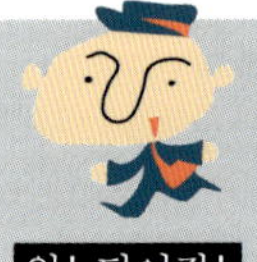

пить (삐-찌) : 마시다

висти (비-스끼) : 위스키

вода (바다) : 물

❶ Что вы хотите пить?
슈또-브이 하찌-쩨 삐-찌

**❷ Дайте мне, пожалуйста,
виски со льдом.**
다-이쩨 므네- 빠좔-스따 비-스끼 살리돔-

❸ Виски с водой, пожалуйста.
비-스끼 스바도-이 빠좔-스따

**❹ Принесите, пожалуйста,
список вина.**
쁘리니씨-쩨 빠좔-스따 스삐-썩 비나-

❺ Я хочу местное вино.
야 하추- 메-스너예 비노-

❻ Дайте мне пиво, пожалуйста.
다-이쩨 므네- 삐-버 빠좔-스따

❼ Простите, какое пиво у вас есть?
쁘라스찌-쩨 까꼬-예 삐-버 우바스 예-스찌

список вина (스삐-썩 비나-)
　　　　　　　　: 와인리스트
местный (메-스늬) : 지방의
пиво (삐-버) : 맥주

술집(목로주점)	паб / кабачок	빱 / 까바촉-
칵테일 라운지	коктейльный зал	깍쩨-일-늬 잘
바(술집)	бар	바-르
맥주홀	пивная	삐브나-야
나이트클럽	ночной клуб	나치노-이 끌룹-
디스코텍	дискотека	지스까쩨-꺼
무도장	танцеплощадка	딴찌쁠라샤-뜨-꺼
입장료	входная плата	프하드나-야 쁠라-떠
카바레	кабаре	까바레-
주류 일람표	список вина	스삐-썩 비나-
포도주	вино	비노-
브랜디	бренди	브렌-지
샴페인	шампанское	샴빤-스꺼예
위스키	виски	비-스끼
스카치	Шотландское виски	샤뜰란-스꺼예 비-스끼
버본(위스키)	бербон	베-르번
럼	ром	롬
진	джин	쥔
보드카	водка	보-뜨까
테킬라	текила	찌낄-러
맥주	пиво	삐-버
캔맥주	банк пива	반-끄 삐-바
생맥주	пиво из вочки	삐-버 이즈 보-치끼
칵테일	коктейль	깍쩨-일-

7. 쇼핑용 회화!

❶ 쇼핑 요령!

쇼핑은 미리 목록을 작성해서 하는 것이 좋습니다. 산지와 상점가의 위치도 미리 조사해 두도록 합니다. 구매물품에 대한 정보, 그러니까 러시아 목각인형인 마트로슈까는 어디서 싸게 살 수 있는지, 또 털모자인 샤프카는 어디서 좋은 것을 살 수 있는지에 대한 조사를 미리 해두도록 합니다.

 쇼핑 노하우!!!

 ❷ 면세점의 이용!

양주, 담배, 향수 등은 공항의 면세점 (**Duty Free Store**) 에서 사는 것이 경제적입니다. 면세점에서 산 물품은 배송되어 항공기 탑승구에서 받으실 수 있습니다. 시중 면세점에서 물건을 살 때는 여권을 제시해야 하며, 공항 면세점에서는 탑승권을 보여 주어야 합니다.

 ❸ 러시아 특산품!

★★★ 마트로슈까

러시아를 여행한 사람이라면 한 개 씩은 구입을 하거나 적어도 구경은 해보았을 물건이 마트로슈까이다. 이것은 정교하고 화려한 색상의 통 통한 목각 인형으로 돌려서 열면 그 안에 작은 인형들이 여러개가 들어 있습니다. 어떤 것은 손톱만한 크기 의 인형까지 10개나 들어 있는 것도 있습니다. 마트로슈까는 일명 어머니 인형이라고도 하 는데 러시아 농촌의 다산과 풍요를 기원하는 의미로서 전형적인 마트로슈까는 러시아 전통 의상을 입은 농촌 여성의 모습을 하고 있습니다. 마트로슈까는 그 종류가 매우 다양하여 차이코프스키의 발레 호두까기 인형이나 정치인, 연예인 같은 인물의 모습을 본 따서 만든 것도 있습니다. 공항 면세점이나 모스크바의 굼백화점에 가

면 고급스러운 디자인의 마트로슈까가 많이 있으며, 좀
더 저렴한 상품을 원한다면 이즈마일로프스끄 시장이나
모스크바 대학 옆의 레닌 언덕에 있는 노점상을 이용하
도록 합니다.

★★★ 샤프카

러시아 사람들은 추운 겨울 닐씨때문
에 머리에 털모자인 샤프카라는 것을
쓰고 다닙니다. 뉴스 시간에 러시아
특파원들이 쓰고 나오는 바로 그 모
자이지요. 이것은 인조 모피를 가공한
저렴한 것에서부터 은빛 여우나 비버
털같은 진짜 동물 털로 만든 것에 이
르기까지 가격이 다양합니다. 고급스

러운 제품은 모스크바의 굼백화점이나 페트로브스키 빠
싸쉬 같은 곳에서, 저렴한 것은 이즈마일로브스끄나 체
르노무쉬끼 시장에서 구입할 수 있습니다.

★★★ 보드카

무색, 무미, 무취의 보드카는 세상에서 가장 독한 술이라
고 합니다. 러시아 사람들에게 있어서 보드카는 러시아
의 역사와 기후, 그리고 민중의 애환이 그려져 있는 러
시아 자체인 것입니다. 요즘은 미국이나 독일 등지에서
보드카가 생산되고 있지만 역시 보드카의 맛은 오랜 전
통의 러시아 산 보드카가 최고이겠지요. 기회가 된다면
러시아의 가장 큰 보드카 제조 회사인 크리스탈사의 스
탈리치나야나 루스끼 스딴다르뜨를 한번 마셔보십시오.

❶ 이 거리에는 상가가 어디쯤 있습니까?

❷ 그냥 아이쇼핑하는 거예요.

❸ 이것과 같은 것이 있습니까?

❹ 저것 좀 보여 주세요.

❺ 이건 뭐 하는데 쓰는 거지요?

❻ 이것은 남성용입니까?

❼ 좀 더 좋은 것은 없습니까?

❽ 입어 봐도 될까요?

❾ 신어 봐도 될까요?

❶ Где торговый пассаж на этой улице?
그제- 따르고-브이 빠싸-쉬 나 에-떠이 울-리쩨

❷ Я только смотрю.
야 똘-꺼 스마뜨류-

❸ У вас есть что-нибудь похожее?
우바-스 예-스찌 슈또니붓 빠호-쥐예

❹ Покажите, пожалуйста, вот то.
빠까쥐-쩨 빠좔-스따 봇 또

❺ Что это такое?
슈또- 에-떠 따꼬-예

❻ Это для мужчины?
에-떠 들랴- 무쉬-늬

❼ Нет ли у вас чего-нибудь получше?
니옛-리 우바-스 치보-니붓 빨룻-쉐

❽ Можно примерить?
모-즈너 쁘리메-리찌

❾ Можно примерить?
모-즈너 쁘리메-리찌

❿ 좀 더 큰 것은 없습니까?

⓫ 영업시간은 몇 시부터 몇 시까지입니까?

⓬ 이거 더 적은 사이즈 있습니까?

⓭ 허리 둘레가 너무 꽉 낍니다.

⓮ 기장이 너무 깁니다. (짧습니다)

⓯ 다른 색상은 없나요?

⓰ 어떤 색상이 저에게 더 잘 어울려 보이나요?

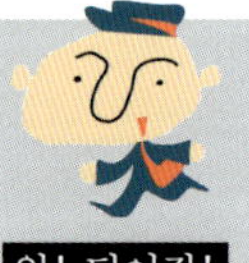

побольше (빠볼-쉐) : 좀더 큰
размер (라즈몌-르) : 사이즈
слишком (슬리-슈껌) : 너무

7

❿ Нет ли побольше размера?
니옛-리 빠볼-쉐 라즈메-라

⓫ Когда открыт магазин?
까그다- 앗끄르잇- 마가진-

⓬ У вас есть поменьше?
우바-스 예-스찌 빠넨-쉐

⓭ Это тесновато в талии.
에-떠 찌스나바-떠 프딸-리이

⓮ Это слишком длинно (коротко).
에-떠 슬리-슈껌 들린-너 (까로-뜨꺼)

⓯ Нет ли другого цвета?
니옛-리 드루고-버 쯔베-따

⓰ Как вы думаете, какой цвет мне идёт?
깍 브이 두-마이쩨 까꼬-이 쯔벳- 므녜- 이좃-

талия (뚤-리야) : 허리

цвет (쯔벳-) : 색상

идти (잇찌-) : 어울리다

앗! 단어장!

❶ 좋습니다. 이것으로 주세요.

❷ 전부 합해서 얼마입니까?

❸ 너무 비쌉니다.

❹ 보다 싼 것은 없습니까?

❺ 조금만 더 싸게 해 주시겠어요?

❻ 어떻게 지불하시겠습니까?

❼ 크레디트 카드를 받습니까?

хорошо (하라쇼-) : 좋다

всё (프쑈-) : 모두

дорогой (다라고-이) : 비싼

❶ Хорошо. Я возьму это.
하라쇼- 야 바지무- 에-떠

❷ Сколько стоит всё?
스꼴-꺼 스또-잇 프쑈-

❸ Слишком дорого.
슬리-슈껌 도-러거

❹ Нет ли подешевле?
니옛-리 빠지쉐-블리

❺ Не могли бы уступить немного?
니 마글리- 브이 우스뚜뻬-찌 님노-거

❻ Как вы оплатите?
깍 브이 아쁠라찌-쩨

❼ Вы принимаете кредитную карточку?
브이 쁘리니마-이쩨 끄리짓-누유 까-르떠치꾸

немного (님노-거) : 조금
уступить (우스뚜뻬-찌) : 깎아주다
кредитная карточка
(끄리짓-나야 까-르떠치꺼) : 크레디트 카드

앗! 단어장!

❶ 실례합니다.

❷ 면도 후에 바르는 로션은 어디에 있습니까?

❸ 장갑은 어디에서 살 수 있습니까?

❹ 이 두 개의 차이점이 뭔가요?

❺ 이것 두 개의 가격은 얼마입니까?

❻ 이것은 40불이고 저것은 30불입니다.

❼ 이 제품 흰색으로 있습니까?

❽ 탈의실은 어디입니까?

❾ 다른 것을 보여주실 수 있습니까?

❶ Простите.
쁘라스찌-쩨

❷ Где я могу купить одеколон после бритья?
그제- 야 마구- 꾸뻬-찌 아지깔론- 뽀-슬레 브리찌야-

❸ Где можно купить перчатки?
그제- 모-즈너 꾸뻬-찌 뻬르챠-뜨끼

❹ Какая разница между этими?
까까-야 라-즈니쩌 메-쥬두 에-찌미

❺ Сколько стоит за два?
스꼴-꺼 스또-잇 자 드바-

❻ Это $ 40, а то $ 30.
에-떠 쏘-록 돌-러러프 아 또 뜨릿-짜찌 돌-러러프

❼ Есть ли такие же белого цвета?
예-스찔리 따끼-예쳬 벨-러버 쯔베-따

❽ Где примерочная?
그제- 쁘리몌-러치너야

❾ Можно посмотреть другое?
모-즈너 빠스마뜨레-찌 드루고-예

❶ 면세점은 어디에 있습니까?

❷ 브랜디를 사고 싶습니다.

❸ 말보로 한 갑 주세요.

❹ 여권을 보여 주십시오.

❺ 어떤 상표를 원하십니까?

❻ 얼마까지 면세입니까?

магазин беспошлинной торговли
(마가진- 비스빤-슐린너이 따르고-블리)
: 면세점

앗! 단어장!

купить (꾸삐-찌) : 사다

7

❶ Где магазин беспошлинной торговли?
그제- 마가진- 비스뽀-슐린너이 따르고-블리

❷ Я хочу купить бренди.
야 하추- 꾸삐-찌 브렌-지

❸ Дайте мне пожалуйста, пачку Малборо.
다-이쩨 므녜- 빠좔-스따 빠-치꾸 말보로

❹ Покажите, пожалуйста, ваш паспорт.
빠까쥐-쩨 빠좔-스따 바-쉬 빠-스뽀르뜨

❺ Какую марку вы хотите?
까꾸-유 마-르꾸 브이 하찌-쩨

❻ До скольких можно купить без пошлины?
다 스꼴-끼흐 모-즈너 꾸삐-찌 비스뽀-슐리늬

паспорт (빠-스뽀르뜨) : 여권

марка (마-르꺼) : 상표

хотеть (하쩨-찌) : 원하다

❶ 어디에 좋은 기념품점이 있습니까?

❷ 뭐 특별히 찾고 계신 것 있으십니까?

❸ 부모님께 드릴 기념품을 원합니다.

❹ 이 도시의 특산품은 무엇입니까?

❺ 윈도우에 있는 것을 보여 주세요.

❻ 선물포장으로 해주시겠습니까?

❼ 한국으로 부쳐주실 수 있습니까?

앗! 단어장!

сувенирный магазин
(수비니-르늬 마가진-) : 기념품점
особенно (앗-쏘빈너) : 특별히
родители (라지-쩰리) : 부모님

❶ Где хороший сувенирный магазин?
그제- 하로-쉬 수비니-르늬 마가진-

❷ Что вы хотите купить особенно?
슈또- 브이 하찌-쩨 꾸삐-찌 앗쏘-빈너

❸ Я хочу купить сувениры для родителей.
야 하추- 꾸삐-찌 수비니-르이 들랴- 라지-찔레이

❹ Какие местные товары производятся?
까끼-예 메-스늬예 따바-르이 쁘라이즈보-짓쨔

❺ Покажите мне, пожалуйста, тот в витрине.
빠까쥐-쩨 므녜- 빠좔-스따 또옷 비뜨리-녜

❻ Можно завернуть это как подарок?
모-즈너 자비르누-찌 에-떠 깍 빠다-럭

❼ Можно послать это в Корею?
모-즈너 빠슬라-찌 에-떠 프 까례-유

товар (따바르) : 상품

витрина (비뜨리-너) : 윈도우

подарок (빠다 럭) : 선물

앗! 단어장!

❶ 실례합니다. 커피를 찾고 있습니다.

❷ 어디에 있는지 말씀해 주시겠어요?

❸ 우유는 어디에 있습니까?

❹ 그 물건은 다 떨어졌습니다.

❺ (쇼핑)백에 넣어주시겠어요?

❻ 종이 백을 드릴까요, 비닐 백을 드릴까요?

❼ 영수증을 주시겠어요?

앗! 단어장!

искать (이스까-찌) : 찾다

молоко (말라꼬-) : 우유

положить (빨라쥐-찌) : 넣다

7. 쇼핑용 회화

7

❶ Простите, я ищу кофе.
쁘라스찌-쩨 야 이슈- 꼬-훼

❷ Скажите, пожалуйста, где это?
스까쥐-쩨 빠좔-스따 그제- 에-떠

❸ Где молоко?
그제- 말라꼬-

❹ К сожалению, этого товара
больше нет.
끄 싸좔레-니유 에-떠버 따바-라 볼-쉐 니옛-

❺ Положите, пожалуйста, в пакет.
빨라쥐-쩨 빠좔-스따 프 빠껫-

❻ Какой вы хотите, бумажный или
виниловый?
까꼬-이 브이 하찌-쩨 부마-쥬늬 일-리 비닐-러브이

❼ Можно получить квитанцию?
모-즈너 빨루치-찌 끄비딴-찌유

бумажный пакет (부마-쥬늬 빠껫-)
: 종이 백
виниловый пакет (비닐-러브이 빠껫-)
: 비닐 백

앗! 단어장!

영업중	открыто	앗끄르이-떠
폐점	закрыто	자끄르이-떠
쇼핑몰	торговый пассаж	
		따르고-브이 빠싸-쉬
기념품점	сувинирный магазин	
		수비니-르늬 마가진-
선물가게	магазин подарков	
		마가진- 빠다-르꺼프
민예품점	магазин народных сувиниров	
		마가진- 나로-드늬흐 수비니-러프
백화점	универмаг	우니비르막-
바겐세일	сделать скидку	즈젤-러찌 스낏-꾸
가격표	ярлык с указанием цены	
		야를르익- 수까자-니임 찌늬-
견본	образец	아브라제-쯔
할인	скидки	스낏-끼
할인	снижение цены	스니줴-니예 찌늬-
교환	обмен	압멘-
설명서	указатель	우까자-찔-
선물	подарок	빠다-럭
포장하다	завернуть	자비르누-찌
점원	продавец	쁘라다볘-쯔
남자점원	продавец	쁘라다볘-쯔
여자점원	продавщица	쁘라답쉬-쩌
여행자수표	дорожный чек	다로-쥬늬 쳭
크레디트카드	кредитная карточка	
		끄리짓-나먀 까-르떠치꺼

154

8. 우편, 전화, 은행!

1) 우체국!

❶ 우체국의 이용!

여행중에 고국으로 보내는 엽서나 편지는 남다른 기쁨을 줍니다. 호텔에 숙박 중이라면 방에 비치되어 있는 편지지와 봉투를 이용해서 호텔프론트에 맡기면 됩니다. 한국까지의 소요 일수는 10일 이상이며 모스크바에서 가까울수록 빨리 도착합니다. 소포의 경우는 보낼 물건을 가지고 우체국에 가면 담당 직원이 내용물을 확인한 후 포장을 해 주므로 미리 포장을 해서 가져가지 않아도 됩니다.

❷ 우편물 보내기!

편지봉투를 쓰는 법 : 편지봉투를 4분할 했을 때 좌측 상단은 보내는 사람주소, 우측 하단은 받는 사람의 주소를 씁니다. 우편물의 받는 사람 주소는 어느 나라 말로 써도 상관없지만 국가명만은 반드시 영어로 기입합니다. 즉 서울의 집주소를 한글로 써도 상관없지만 국가명만은 우측 제일 하단에 **'SOUTH KOREA'**라고 써 주어야 한다는 것입니다. 그리고 우측 상단은 우표를 붙여야 하니까 비워 두고, 좌측 하단은 배달방식 그러니까 항공우편일 경우는 **'AIR MAIL'** 또는 **'PAR AVION'**이라고 쓰거나 스티커를 붙이게 되고, 선편일 경우는 **'SEA MAIL'**이라고 표기합니다. 러시아 우표는 크기가 크므로 우표를 먼저 붙이고 나서 주소를 쓰는 것이 좋습니다. 또한 우편물을 빨리 보내려면 EMS를 이용합니다.

전보의 경우에는 공항이나 역에 위치한 전보 창구나 시내에 있는 전신 전화국, 또는 호텔 등에서 보낼 수 있습니다.

2) 국제전화!

❶ 국제전화 걸기!

러시아 지역에서 시내 통화를 할 경우에는 호텔 내 객실에서 이용하면 요금이 무료이므로 객실 전화를 이용하도록 합니다. 그리고 시외 통화의 경우 다이얼 직통이 아

니고 신청제이어서 신청 후 30분 정도 기다려야하므로 호텔에서 신청한 후 기다리도록 합니다.

국제전화를 걸 때는 먼저 해당국의 시차를 미리 고려해야 하는데, 시차 때문에 너무 늦은 시간이나 너무 일찍 전화 하게 되는 경우가 있습니다. 대도시의 경우에는 호텔 로비 에 국제 전화용 전화기가 설치되어 있으므로 그것을 이용 하면 되는데, 신용 카드를 전화 카드로 사용하거나 그렇지 않을 경우에는 프론트에서 전화 카드를 구입하어 사용하두 록 합니다. 지방 도시의 호텔의 경우에는 따로 국제 전화 용 전화기가 설치되어 있지않으므로 국제 전화를 신청해야 하는데, 국제전화를 신청할 때는 반드시 상대방 전화번호, 도시명, 이름 등을 메모해 준비해 둡니다. 교환원과 연결이 되면 통화하실 종류를 분명하게 교환원에게 밝히고, 전화 번호는 한자씩 끊어 천천히 불러줍 니다.

공중전화기로 한국에 직접거는 방법 은, 러시아에서 서울 929-2882로 전 화를 걸 때 **001-82-2-929-2882**를 누르면 됩니다. 001은 국제식별코드 (**international access code**)이며, 82 는 한국의 코드번호(**country code**), 2는 서울의 지역번호, 그리고 전화번 호 929-2882가 됩니다. 이때 지역번 호 02의 0은 빼고 전화합니다.

❷ 국제전화 카드!

여행전에 한국에서 미리 전화카드를 준비하거나 휴대폰 로

은행의 이용!

밍써비스를 신청하는 방법도 있습니다. 선불카드의 장점은 우선 저렴하고, 한국어 안내방송을 들을 수 있다는 것 등입니다. 사용방법은 콜렉트콜처럼 국가별 접속번호를 누른 후 안내방송에 따라 카드번호, 비밀번호, 상대방 전화번호를 차례로 누르면 됩니다. 주요 통신사의 카드로는 한국통신 KT카드(080-2580-161), 데이콤 콜링카드(082-100) 등이 있으며, 신청 즉시 카드번호를 발부 받을 수 있습니다.

3) 은행의 이용!

 ❶ 현지에서의 환전!

러시아의 화폐는 루블이지만 달러나 유로를 바꿔 가는 것이 좋습니다. 그러나 현금을 과다 소지하는 경우는 위험합니다. 모스크바 지역의 주요 호텔이나 대형 상점들에서 크레디트 카드를 사용할 수 있으며, 여행자 수표는 몇몇 도시외에는 통용되지 않습니다. 환전은 공식 환전소에서 하도록 하는데 암거래상에게 환전을 하다가 사기를 당하거나 경찰에 적발되는 경우 곤란해 질 수도 있습니다.

8

✚ 신용카드

현금 외에도 비상시에 사용할 수 있도록 신용카드를 준비해 가는 것이 좋습니다. 신용카드의 장점은 현금을 많이 지니고 다니지 않아도 된다는 것과 고가품을 구입할 때 일시에 부담하지 않아도 된다는 점들을 들 수 있습니다. 해외에서 통용되는 대표적인 신용카드사로는 **Master Card, Amerioan Express Card, Diners Club Card, Visa Card** 등이 있습니다. 그러나 상점에 따라 통봉뇌시 잃는 카드도 있기 때문에 가장 일반적인 것으로 두 장 정도 준비하는 것이 좋습니다. 사용한 대금은 2개월 이내에 원화로 갚습니다. 분실에 대비해 카드번호를 따로 기록해 두는 것도 필요합니다.

✚ 긴급 연락처

화재 : **01**

경찰 : **02**

구급차 : **03**

주러시아 대한민국 대사관(모스크바) : **956-1474**

모스크바 한인단체협의회 : **420-2377**

대한항공 : **956-1666**

❶ 우편물 보내기!

❶ 우체국은 어디 있습니까?

❷ 우체통은 어디 있습니까?

❸ 편지를 한국에 항공편으로 보내려 합니다.

❹ 이 그림엽서를 한국으로 보내고 싶습니다.

❺ 항공편으로 부치면 얼마나 걸립니까?

❻ 얼마치의 우표를 붙여야 합니까?

❼ 우편요금은 얼마입니까?

❽ 엽서에 붙이는 항공편 스티커를 주십시오.

8

❶ Где почта?
그제- 뽀-치떠

❷ Где почтовый ящик?
그제- 빠치또- 브이 야-쉭

❸ Я хочу отправить это письмо в Корею авиапочтой.
야 하주- 앗쁘라-비씨 에-떠 삐씨모 프끼레 유
아비아쁘-치떠이

❹ Я хочу отправить эту художественную открытку в Корею.
야 하추- 앗쁘라-비찌 에-뚜 후도-쥐스뜨빈누유
앗끄르이-꾸 프 까레-유

❺ Сколько времени надо авиапочтой?
스꼴-꺼 브례-미니 나-더 아비아쁘-치떠이

❻ Сколько стоит марка за это?
스꼴-꺼 스또-잇 마-르꺼 자 에-떠

❼ Сколько надо заплатить?
스꼴-꺼 나-더 자쁠라찌-찌

❽ Дайте, пожалуйста, наклейку авиапочты.
다-이쩨 빠쫠-스따 나끌례-이꾸 아비아쁘-취띠

❶ 이 소포를 보내고 싶습니다.

❷ 소포용 상자가 있습니까?

❸ 소포용으로 포장해 주세요.

❹ 이 소포를 선편으로 부치려 합니다.

❺ 소포 12개를 프랑스로 보내고 싶습니다.

❻ 소포를 보험에 드시겠습니까?

앗! 단어장!

отправить (앗쁘라-비쩨) : 보내다

посылка (빠씰-꺼) : 소포

коробка (까롭-꺼) : 상자

❶ Я хочу послать эту посылку.
야 하추- 빠슬라-찌 에-뚜 빠씰-꾸

❷ У вас есть коробка для посылки?
우바-스 예-스찌 까롭-꺼 들랴- 빠씰-끼

❸ Заверните, пожалуйста, для
посылки.
자비르니-쩨 빠좔-스따 들랴- 빠씰-끼

❹ Я хочу отправить эту посылки на
корабле.
야 하추- 앗쁘라-비찌 에-뚜 빠씰-끼 나 까라-블례

❺ Я хочу отправить 12 посылок в
Францию.
야 하추- 앗쁘라-비찌 드비낫-짜찌 빠씰-럭 프란-찌유

❻ Вы хотите страховать вашу
посылку?
브이 하찌-쩨 스뜨라하바-찌 바-슈 빠씰-꾸

앗! 단어장!

завернуть (자비르누-찌) : 포장하다

морской почтой

(마르스꼬-이 뽀-치떠이) : 선편으로

❸ 공중전화 걸기!

❶ 공중전화는 어디에 있습니까?

❷ 전화카드는 어디에서 살 수 있습니까?

❸ 이 전화로 국제전화를 걸 수 있습니까?

❹ 이 전화의 사용법을 가르쳐주시겠습니까?

❺ 한국의 국가번호를 가르쳐주시겠습니까?

❻ 이 번호로 전화하는 법을 가르쳐 주십시오.

телефон-автомат (찔리폰-아프따맛-)
: 공중전화

телефонная карточка
(찔리폰-너야 까르떠치꺼) : 전화카드

8. 우편, 전화, 은행!

8

❶ Где телефон - автомат?
그제- 찔리폰- 아프따맛-

❷ Где можно купить телефонную
карточку?
그제- 모-즈너 꾸뻬-찌 찔리폰-누유 까-르떠치꾸

❸ Можно позвонить международный
разговор этим телефоном?
모-즈너 빠즈바니-찌 미슈누나도-느늬
라즈가보-르 에-찜 찔리포-넘

❹ Скажите, пожалуйста,
как использовать этот телефон.
스까쥐-쩨 빠좔-스따 각 이스뽈-저바지 에-떳 찔리폰-

❺ Скажите, пожалуйста, код
страны Кореи.
스까쥐-쩨 빠좔-스따 꽂 스뜨라늬- 까례-이

❻ Скажите, пожалуйста, как
позвонить этим номером.
스까쥐-쩨 빠좔-스따 각 빠즈바니-찌 에-찜 노-메럼

международный (메쥬두나로-드늬)
: 국제적인

позвонить (빠즈바니-찌) : 전화걸다

номер (노-메르) : 번호

앗! 단어장!

❶ 여보세요. 거기가 123-4567입니까?

❷ 전화거신 분은 누구십니까?

❸ 저는 나타샤입니다.

❹ 내선 351번 부탁합니다.

❺ 안나 좀 바꿔 주시겠어요?

❻ 그녀는 여기 없습니다.

❼ 미안합니다. 잘못 걸었습니다.

❽ 그/그녀는 지금 외출중입니다.

❾ 그는 언제쯤 돌아옵니까?

❶ Алло. Это номер 123-4567?
알로- 에-떠 노-메르 스또-드밧짜-찌뜨리-
쏘-럭빠-찌 췻지샷-셈

❷ Кто спрашивает?
끄또- 스쁘라-쉬바잇

❸ Это Наташа.
에-떠 나따-샤

❹ Добавочный 351, пожалуйста.
다바-버치늬 뜨리-스떠 삐찌지샷-아진 빠좔-스따

❺ Можно попросить Анну?
모-즈너 빠쁘라씨-찌 안-누

❻ Её нет.
이요- 니옛

❼ Извините, я ошибся (남자)/
Извините, я ошиблась (여자)
이즈비니-쩨 야 아쉽-샤/이즈비니-쩨 야 아쉬-블러씨

❽ Он ушёл / Она ушла.
온 우숄- / 아나- 우슐라-

❾ Когда он вернётся?
까그다- 온 비르놋-쨔

❶ 교환입니다. 무엇을 도와드릴까요?

❷ 한국의 서울로 국제통화를 하고 싶습니다.

❸ 잠깐만 기다리세요.

❹ 국제전화 교환원을 연결해 드리겠습니다.

❺ 한국의 서울로 직접 전화할 수 있습니까?

❻ 한국으로 국제전화를 걸고 싶습니다.

❼ 수신자부담으로 해주세요.

❽ 요금은 여기서 지불하겠습니다.

8. 우편, 전화, 은행!

❶ Телефонная станция.
Что вы хотите?
찔리폰-너야 스딴-찌야 슈또- 브이 하찌-쩨

❷ Могу ли я заказать телефонный
разговор с Сеулом?
마굴-리 야 자까자-찌 찔리폰-늬 라즈가보-르 씨울-럼

❸ Подождите на минуточку.
빠다쥬지-쩨 나 미누-떠-치꾸

❹ Соединю вас с международным
телефонистом.
싸이지뉴- 바-스 스미쥬두나로-드느임 찔리파니-스떰

❺ Можно позвонить прямо в Сеул,
Корею.
모-즈너 빠즈바니-찌 쁘랴-머 프 씨-울 까레-유

❻ Я хочу позвонить международный
разговор в Корею.
야 하추- 빠즈바니-찌 미쥬두나로-드늬
라즈가보-르 프까레-유

❼ С оплатой получателем,
пожалуйста.
싸쁠라-떠이 빨루차-찔림 빠좔-스따

❽ Я заплачу здесь.
야 자쁠라추- 즈제-씨

❾ 전화번호는 82-2-513-7612입니다.

❿ 성함과 번호를 말씀해 주십시오.

⓫ 제 이름은 김민수입니다.

⓬ 전화번호는 923-5079입니다.

⓭ 김미진 양과 통화하고 싶습니다.

⓮ 신청하신 곳이 나왔습니다. 말씀하십시오.

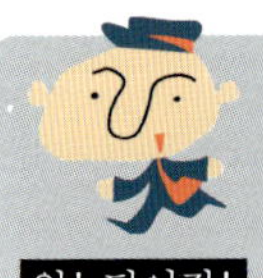

соединиться (싸이지닛-쨔) : 연결되다
всё равно (프쑈- 라브노-) : 상관없다
говорить (가바리-찌) : 말하다

9 Номер телефона 82-2-513-7612.
노-메르 찔리포-나 보씸지샷-드바- 드바-
빠-찌아진뜨리 쌤셰-스찌아진드바-

10 Скажите ваше имя и номер, пожалуйста.
스까쥐-쩨 바-쉐 이-먀 이 노-메르 빠좔-스따

11 Меня зовут Ким Мин Су.
미냐- 자붓- 김민수

12 Номер телефона 923-5079.
노-메르 찔리포-나 지비노-스떠드밧-짜찌뜨리-
뻿지샷- 씸지샷-제- 비찌

13 Я хочу соединиться с Ким Ми Джин.
야 하추- 싸이지닛-쨔 김 미진

14 Соединились. Говорите.
싸이지닐-리씨 가바리-쩨

междугородный телефон
(미쥬두가로-드늬 찔리폰-) : 장거리통화
международный разговор
(미쥬두나로-드늬 라즈가보-르) : 국제전화

앗! 단어장!

7 호텔에서의 전화!

❶ 여보세요, 교환이죠?

❷ 한국으로 장거리전화를 부탁합니다.

❸ 전화번호를 말씀해 주십시오.

❹ 콜렉트콜로 서울의 이은숙 양을 부탁합니다.

❺ 전화번호는 서울의 919-2828번 입니다.

❻ 선생님의 성함과 룸넘버를 말씀해 주세요.

❼ 저의 이름은 김민수이며 303호실입니다.

8. 우편, 전화, 은행!

❶ Алло, телефонная станция?
알로- 찔리폰-너야 스딴-찌야

❷ Я хотел(남성) / хотела (여성) бы
позвонить в Корею, пожалуйста.
야 하 쩰-(남성) / 하쩰-라 (여성) 브이 빠즈바니-찌
프까례-유 빠좔-스따

❸ Скажите, пожалуйста, номер
телефона.
스까쥐-쩨 빠좔-스따 노-메르 찔리포-나

❹ Попросите, пожалуйста, И Ын
Сук в Сеуле с оплатой получателем.
빠쁘라씨-쩨 빠좔-스따 이 은 숙 프 씨울-례
싸쁠라-떠이 빨루차- 찔림

❺ Номер в Сеуле 919-2828.
노-메르 프 씨울-례 지비노-스떠지빗나-짜찌
드바짜-찌보-씸 드 밧짜-찌보-씸

❻ Скажите, ваше имя и номер,
пожалуйста.
스까쥐-쩨 바-쉐 이-먀 이 노-메르 빠좔-스따

❼ Меня зовут Ким Мин Су и номер 303.
미냐- 자붓- 김민수 이 노-메르 뜨리-스떠 뜨리-

➡ 우편 관련 단어표현

우체국	почта	뽀-치 떠
그림엽서	художественная открытка	후도-줴 스뜨빈너야 앗끄르이-뜨꺼
우편엽서	открытка	앗끄르이-뜨꺼
항공봉함엽서	аэрограмма	아에라그람-머
편지지	почтовая бумага	빠치또-바야 부마-가
봉투	конверт	깐볘-르뜨
발신인	отправитель	앗쁘라비-쬘-
수신인	адресат	아드리삿-
주소	адрес	아-드례스
우체통	почтовый ящик	빠치또-브이 야-쉭
등기우편	заказная почта	자까즈나-야 뽀-치 떠
속달	экспресс-почта	엑스쁘레-스 뽀-치 떠
속달	срочная почта	스로-치너야 뽀-치 떠
우표	марка	마-르꺼
항공편	авиапочта	아비아뽀-치 떠
선편	на корабле	나 까라-블례
항공우편	авиапочта	아비아뽀-치 떠
항공우편	авиа	아-비어
소포	посылка	빠씰-꺼
취급주의	обращаться осторожно	아브라 샷쨔 아스따로쥬너

➡ 전화 관련 단어표현

공중전화	телефон-автомат
	찔리폰-아프따맛-
공중전화	таксофон　　딱싸폰-
전화박스	телефонная будка
	찔리폰-너야 붓-꺼
수화기	трубка　　뜨룹-꺼
전화번호	номер телефона
	노-메르 찔리포-나
다이얼	наборный диск
	나보-르늬 지-스끄
구내전화선	добавочный номер
	다바-버치늬 노-메르
번호안내	информация　　인파르마-찌야
보통통화	вызов номера 브이-저프 노-메라
긴급전화	срочный телефон
	스로-츠늬 찔리폰-
시내통화	городской телефон
	가랏스꼬-이 찔리폰-
장거리통화	междугородный телефон
	미쥬두가로-드늬 찔리폰-
국제전화	международный разговор
	미쥬두나로-드늬 라즈가보-르
교환원	телефонист　　찔리화니-스뜨
국가번호	код страны　　꼿- 스뜨라늬-
지역번호	местный код　메-스늬- 꼿-
콜렉트콜	с оплатой получателем
	싸쁠라-떠이 빨루차-찔림

❽ 은행의 이용!

❶ 여행자수표를 현금으로 바꾸고 싶습니다.

❷ 얼마나 현금으로 바꾸시겠습니까?

❸ 500불입니다.

❹ 여권 좀 보여주시겠습니까?

❺ 네, 여기 여행자 수표도 있습니다.

❻ 수표마다 서명해주시겠어요?

дорожный (다로-쥬늬) : 여행의

чек (첵) : 수표

наличные (날리-치늬예) : 현금

❶ Я хочу обменять дорожные
чеки на наличные.
야 하추- 아브미냐-찌 다로-쥬늬예 체-끼 나 날리-치늬예

❷ Сколько вы хотите обменять на
наличные ?
스꼴-꺼 브이 하찌-쩨 아브미냐-찌 나 나릴-치늬예

❸ 500 долларов, пожалуйста.
뺏숏- 돌-러러프 빠좔-스따

❹ Покажите, пожалуйста, ваш
паспорт.
빠까쥐-쩨 빠좔-스따 바-쉬 빠-스뽀르뜨

❺ Да, и вот дорожный чек.
다 이 봇 다로-쥬늬 첵

❻ Распишитесь, пожалуйста, по
чекам.
라스삐쉬-쩨씨 빠좔-스따 빠 체-깜

앗! 단어장!

расписаться (라스삐삿-쨔)
: 서명하다

купюра (꾸쀼-라) : 액면가

❶ 잔돈 좀 바꾸고 싶습니다.

❷ 이 지폐를 좀 바꾸어 주시겠습니까?

❸ 얼마 바꾸시길 원하세요?

❹ 100불 짜리를 잔돈으로 바꿀 수 있을까요?

❺ 어떻게 바꿔드릴까요?

❻ 500루블 짜리 5장, 100루블 3개를 주십시오.

앗! 단어장!

обменять (아브미냐-찌) : 바꾸다

доллар (돌-러르) : 달러

мелкий (멜-끼) : 작은

❶ Я хочу обменять на мелкие деньги.
야 하추- 아브미냐-찌 나 멜-끼예 젠-기

❷ Разменяйте, пожалуйста, доллар- эти бумажные деньги.
라즈미냐-이쩨 빠쫠-스따 에-찌 부마-쥬늬예 젠-기

❸ Сколько вы хотите получить?
스꼴-꺼 브이 하찌-쩨 빨루치-찌

❹ Можно разменять 100 долларов на мелкие?
모-즈너 라즈미냐-찌 스또- 돌-러러프 나 멜-끼예

❺ Как вам их разменять?
깍 밤 이-흐 라즈미냐-찌

❻ Дайте 5 500 рублей и 3 100 рублей, пожалуйста.
다-이쩨 빠-찌 뻿- 숏루블례-이 이 뜨리- 스또-
루블례-이 빠쫠-스따

как (깍) : 어떻게

разменять (라즈미냐-찌)
: 잔돈으로 바꾸다

рубль (루-블) : 루블

앗! 단어장!

➡ 은행 관련 단어표현

환전소	обменный пункт	
	압멘-늬 뿐-끄뜨	
환전율	обменный курс	
	압멘-늬 꾸-르스	
창구	окошко	아꼬-쉬꺼
잔돈	мелочь	멜-러치
지폐	бумажные деньги	
	부마-쥬늬예 젠-기	
주화	монета	마녜-떠
여행자수표	дорожный чек	다로-쥬늬 첵
서명	подпись	빳-삐씨
통화	валюта	발류-떠
바꾸다	обменять	압미냐-찌
달러	доллар	돌-러르
유로	евродоллар	이브라돌-러르
파운드	фунт	푼-뜨
루블	рубль	루-블

9. 교통수단!

 **❶ 철도여행 정보!**

시베리아 횡단 열차로 유명한 러시아의 철도는 그 규모면에서 가히 세계적입니다. 기차는 러시아 사람들뿐 아니라 배낭 여행객에게도 유용한 교통 수단인데, 러시아 기차는 우리나라의 기차와는 구조면에서 조금 다르게 되어 있습니다. 낮에 운행되는 좌석차와 주로 밤에 출발하는 침대차로 되어 있으며 침대차는 2인용 룩스와 4인용 쿠페인 칸막이 방과 6인용의 개방식으로 이루어져 있습니다. 방 안에는 식사용 작은 받침대와 침대가 설치되어 있습니다. 열차 안은 비교적 깨끗하며 차장에게 부탁하여 따뜻한 차도 마실 수 있습니다. 도시간의 이동에 기차를 활용하면 차창 밖 러시아 풍경도 감상하면서 숙박비도 절약할 수 있습니다.

열차의 종류는 특급인 스콜라스누이, 급행인 스꼬로이, 그리고 빠사자르스키의 세 가지로 나뉘어지는데, 거리에 따라서는 먼 거리부터 장거리 열차인 다리누이, 메스누이, 쁘리가로드누이로 나뉘어집니다.

기차표는 기차역 매표소에서 구입할 수 있으며 장소, 날짜, 시간 등을 정확히 말하도록 하고 표를 구입한 후에는 꼭 확인을 하도록 합니다. 구소련의 열차는 모두 모스크바의 시간을 기준으로 운행되고 있기때문에 모스크바와 시차가 있는 곳에서의 철도 여행에 있어서는 주의가 필요합니다. 요금은 외국인 요금이 따로 설정되어 있어서 내국인의 약 2배를 내게 되어있는데, 실제로는 외국인 전용 창구에서 구입할 때에 적용되는 요금으로서 러시아 사람들과 함께 내국인 창구에서 구입한다면 내국인과 같은 요금으로 기차를 이용할 수 있습니다.

철도의 중심지인 모스크바에는 대규모의 역이 9개나 있는데 이들 기차역의 이름은 모두 종착역 명으로 되어 있습니다. 모스크바의 주요 기차역으로는 모스크바에서 서쪽 방면으로 가는 기차역인 벨라루시 역이 있으며, 이곳은 베를린, 빈, 바르샤바로 방면으로 가는 열차와 연결되는 열차가 발착하는 곳이기도 합니다. 카잔 역은 시베리아와 중앙아시아 방면의 발착역이며, 키예프 역은 우크라이나, 몰도바, 동구 방면의 발착역입니다. 레닌그라드 역은 북쪽 방면의 발착역으로서 헬싱키나 상트 페테르부르크 방면과 연결되며, 리가 역은 발틱 3국으로 가는 발착역입니다. 그 외에도 파벨레츠 역과 사볼로프 역, 야로슬라프스키 역 등이 있습니다.

❷ 지하철 정보!

러시아에서 지하철은 모스크바, 상트 페테르부르크, 키예프, 트빌리시, 바쿠, 타시켄트, 민스크, 예레반, 하리코프, 노보시비르스크의 10개 도시에서 운행되고 있습니다. 특히 교통 정체가 심각한 모스크바에서는 지하철이 대중 교통 수단으로서 중요한 역할을 하고 있습니다. 러시아의 지하철은 몇 가지 특징을 가지고 있는데 첫 번째로는 지하철 역사 내  부가 마치 미술관을 연상시킬 만큼 아름답게 되어 있다는 것입니다. 화려한 샹들리에와 벽면과 천장의 그림들이 매우 아름답습니다. 둘째로는 지하철이 운행되는 플랫폼이 지하 깊은 곳에 만들어진 것인데, 그래서 플랫폼까지의 아주 긴 에스컬레이터도 인상적입니다. 마지막으로 짧은 배차 간격을 들 수 있는데 출퇴근 시간에는 1분, 그 외의 시간에도 2~3분의 배차 간격으로 시민의 편의를 도모하고 있습니다. 지하철 요금은 어느 지역이나 같아서 동전을 자동 개찰기에 넣고 통과하기만 하면 거리 제한이 없이 이용할 수 있습니다.

교통수단의 이용!

모스크바 지하철 이용법

지하철 역에는 M이라는 표시가 있는데 그 주변에는 작은 상점인 키오스크가 자리잡고 있고 사람들이 많이 있으므로 찾기가 쉽습니다. M이라고 쓰여진 통로를 들어가서 입구인 브호드를 찾아 가서 전철 승차권을 구입합니다. 승차권을 사서 자동 개찰구에 넣으면 빨간 램프가 파란색으로 바뀌는데 이 때에 그곳을 지나갑니다. 개찰구를 지나면 플랫폼으로 연결된 긴 에스컬레이터가 있는데 그것을 타고 승강장으로 가면 됩니다.

❸ 버스 정보!

시내 버스

러시아에는 버스 2대를 연결한 굴절버스가 많습니다. 요금은 도시마다 다르나 저렴하고, 차표는 길 모퉁이의 매점이나 호텔 내의 매점, 또는 운전사에게서 구입할 수 있습니다. 러시아에서는 승차권을 우리와는 달리 일단 버스를 타고 버스 내에 설치되어 있는 작은 펀치에 승차권을 넣고 구멍을 내어 사용하거나 깐둑또르라 불리는 안내원에게 현금이나 승차권을 냅니다.

트롤레이부스

도로 위에 설치된 전기선을 따라 전기선에서 전력을 공급 받으며 운행되는 버스입니다. 승차권은 운전사나 길 모퉁이의 매점 등에서 구입할 수 있습니다.

트람바이

우리나라 서울에서도 한때 다녔었던 것으로 전차를 말합니다. 주로 지하철이 다니지 않는 지역과 지하철 역 사이를 연결시키는 방편으로 운행이 됩니다.

❹ 택시의 이용!

러시아에서 택시는 노란색 볼가 자동차인데 그 수가 많지 않아서 돌아다니는 빈 택시를 타기가 매우 어렵습니다. 또 녹색 램프가 켜져 있는 차가 빈차이나 빈차라고 해서 무조건 차를 탈 수 있는 것도 아닙니다. 택시 요금도 미테제이나 모든 택시가 미터제로 운행되고 있지도 않고 외국인에게는 바가지를 씌우는 경우도 있습니다. 그 외에 자가용으로 택시 영업을 하는 차들이 많이 있는데, 이용 방법은 길거리의 자가용을 향해 손을 흔든 뒤 차가 멈추면 방향과 금액을 흥정하면 됩니다.

❺ 비행기의 이용!

구소련 시절에 세계 최대의 비행기 보유 항공사였던 국영 항공사인 아에로플로트사와 구소련 해체후 생겨난 여러 신생 항공사들이 국내외를 운행하고 있습니다. 전반적으로 비행기들이 오래되어서 낡았고 서비스 또한 미국이나 유럽 항공들에 비한다면 매우 떨어집니다.

❶ 매표소는 어디 있습니까?

❷ 열차시각표를 주십시오.

❸ 좌석을 예약해야 합니까?

❹ 급행이 있습니까?

❺ 기차를 갈아타야 합니까?

❻ 왕복표로 주십시오.

❼ 뻬쩨르부르그행 타는 플랫폼이 어디입니까?

❽ 이 기차가 노브고로드행입니까?

❾ 어떤 열차를 타야합니까?

9. 교통수단 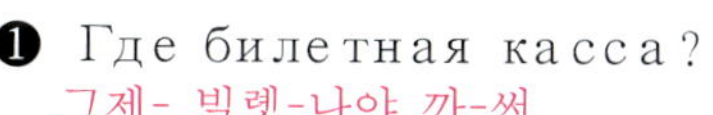

9

❶ Где билетная касса?
그제- 빌렛-나야 까-써

❷ Дайте мне, пожалуйста, расписание поездов.
다-이쩨 므녜- 빠좔-스따 라스삐싸-니예 뽀-이즈더프

❸ Надо ли забронировать место?
나-덜 리 자브라니-러바찌 메-스떠

❹ У вас есть скорый поезд?
우 바-스 예-스찌 스꼬- 르이 뽀-이스뜨

❺ Надо ли делать пересадку?
나-덜 리 젤-러찌 삐리샷-꾸

❻ В оба конца, пожалуйста.
보-버 깐짜- 빠좔-스따

❼ Где платформа поезда в Петербург?
그제- 쁠랏포-르머 뽀-이즈다 프뻬찌르부-르끄

❽ Это поезд до Новгорода?
에-떠 뽀-이스뜨 다 노-브고러다

❾ На каком поезде надо ехать?
나 까꼼- 뽀-이즈제 나-더 예-하찌

❿ 몇 번 선입니까?

⓫ 어디에서 갈아탑니까?

⓬ 침대칸이 있습니까?

⓭ 식당칸이 있습니까?

⓮ 기차에서 식사할 수 있습니까?

⓯ 이 열차는 뻬쩨르부르그까지 직행합니까?

⓰ 이 열차는 뻬쩨르부르그에 정차합니까?

⓱ 여기서 얼마나 정차합니까?

9

⑩ Какой путь?
까꼬-이 뿌-찌

⑪ Где я могу сделать пересадку?
그제- 야 마구- 즈젤-러찌 삐리삿-꾸

⑫ Есть ли спальные вагоны?
예-스찔 리 스빨-늬예 바고-늬

⑬ Есть ли в поезде вагон-ресторан?
예-스찔 리 프 뽀-이즈제 바곤-리스따란-

⑭ Можно пообедать в поезде?
모-즈너 빠아비다-찌 프뽀-이즈제

⑮ Этот поезд идёт в Петербург прямо?
에-떳 뽀-이스뜨 이좃- 프삐찌르부-르끄 쁘랴-머

⑯ Этот Поезд останавливается в Петербурге?
에-떳 뽀-이스뜨 아스따나블리바-잇쨔 프삐찌르부-르게

⑰ Сколько времени стоит поезд здесь?
스꼴-꺼 브례-미니 스따잇- 뽀-이스뜨 즈제-씨

❶ 가장 가까운 버스정류장은 어디입니까?

❷ 볼쇼이 극장행 버스 정류장은 어디입니까?

❸ 매표소는 어디에 있습니까?

❹ 쁘스꼬프행 버스 터미널은 어디입니까?

❺ 버스 노선표 한 장 주실 수 있습니까?

❻ 버스 안에서 차표를 살 수 있습니까?

❼ 쁘스꼬프까지 표 두 장 주세요.

❽ 블라지미르행 버스는 언제 출발합니까?

❾ 이 버스 모스크바로 갑니까?

9

❶ Где ближайшая остановка автобуса?
그제- 블리좌-이쉬야 아스따노-프까 압또-부싸

❷ Где остановка автобуса на Большой театр?
그제- 아스따노-프까 압또-부싸 나 발-쇼-이 찌아-뜨르

❸ Где билетная касса?
그제- 빌례-뜨나야 까-써

❹ Откуда отправит автобус в Псков?
앗-꾸더 앗쁘라빗- 압또-부스 프뿌스꼬-프

❺ Можно получить маршрут автобуса?
모-즈너 빨루치-찌 마르슈룻- 압또-부싸

❻ Можно купить талон в автобусе?
모-즈너 꾸삐-찌 딸론- 밥또-부쎄

❼ Дайте два талона в Псков, пожалуйста.
다-이쩨 드바- 딸로-나 프뿌스꼬-프 빠좔-스따

❽ Когда отправит автобус в Владимир?
까그다- 앗쁘라빗- 압또-부스 브블라지-미르

❾ Этот автобус идёт в Москву?
에-떳 압또-부스 이죳- 브마스끄부-

❿ 다음 버스는 몇 시입니까?

⓫ 몇 분 마다 있습니다.

⓬ 몇 시간 걸립니까?

⓭ 어디에서 갈아타야 합니까?

⓮ 여기는 무슨 정류장입니까?

⓯ 여기가 제가 내려야할 곳인가요?

⓰ 여기서 내려 주십시오.

⓱ 다음 정거장에서 내리겠습니다.

⓲ 그곳에 도착하면 저에게 좀 알려주세요.

9

❿ В котором часу идёт следующий автобус?
프까또-럼 치쑤- 이좃- 슬례-두유쉬 압또-부스

⓫ Каждый несколько минут.
까-즈듸 녜-스껄꺼 미눗-

⓬ Сколько времени надо?
스꼴-꺼 브례-미니 나-더

⓭ Где надо пересесть?
그제- 나-더 삐리쎄-스찌

⓮ Какая остановка здесь?
까까-야 아스따노-프까 즈제-씨

⓯ Мне надо выйти здесь?
므녜- 나-더 브이-이찌 즈제-씨

⓰ Разрешите выйти.
라즈리쉬-쩨 브이-이찌

⓱ Я схожу на следующей остановке.
야 스하쥬- 나 슬례-두유쉬 아스따노-프께

⓲ Скажите мне, пожалуйста, когда доедем туда.
스까쥐-쩨 므녜 빠쫠-스따 까그다- 다예-짐 뚜다-

❺ 선박의 이용!

❶ 배로 가고 싶습니다.

❷ 갑판좌석을 예약하고 싶습니다.

❸ 핀란드까지 가는 배는 어디서 탑니까?

❹ 승선시간은 몇 시 입니까?

❺ 언제 출항합니까?

❻ 어느 정도 걸립니까?

❼ 의사를 좀 불러 주시겠습니까?

пароход (빠라홋 -) : 배
заказать (자까자-찌) : 예약하다
место на палубе (메-스떠 나 빨-루베)
: 갑판좌석

9

❶ Я хочу плыть пароходом.
야 하추- 쁠르이-찌 빠라호-덤

❷ Я хочу заказать место на палубе.
야 하추- 자까자-찌 메-스떠 나 빨-루베

❸ Где можно садиться на пароход
в Финляндию?
그제- 모-즈너 싸짓-샤 나 빠라홋-프핀랸-지유

❹ Когда будет посадка?
까그다- 부-짓 빠삿-꺼

❺ Когда отходит пароход?
까그다- 앗호-짓 빠라홋-

❻ Сколько времени нужно?
스꼴-꺼 브례-미니 누-즈너

❼ Вы можете вызвать мне врача?
브이 모-쥐쩨 브이-즈바찌 므녜- 브라챠-

садиться (싸짓-쨔) : 승선하다

отходить (앗호-지찌) : 출발하다

врач (브라치) : 의사

앗! 단어장!

❻ 지하철의 이용!

❶ 이 근처에 지하철역이 있습니까?

❷ 가장 가까운 역은 어디입니까?

❸ 회수권 묶음 하나 주십시오.

❹ 지하철 노선표 한장 주십시오.

❺ 붉은광장으로 가는 것은 몇 호선인가요?

❻ 아르바뜨거리는 몇 호선을 타야합니까?

❼ 표 한 장 주십시오.

❽ 볼쇼이 극장은 어디에서 내려야합니까?

❶ Есть ли поблизости станция метро?
예-스찔 리 빠블리-저스찌 스딴-찌야 미뜨로-

❷ Где ближайщая станция метро?
그제- 블리좌-이솨야 스딴-찌야 미뜨로-

❸ Дайте мне книжечку талонов, пожалуйста.
다-이쩨 므녜- 끄니줴-취꾸 딸로-너프 빠좔-스따

❹ Дайте схему метро, пожалуйста.
다-이쩨 스혜-무 미뜨로- 빠좔-스따

❺ По какой линии можно доехать до Красной площади?
빠 까꼬-이 리-니이 모-즈너 다예-하찌 다 끄라-스너이 쁠로-쉬지

❻ По какой лилии надо доехать до улицы Арбат?
빠 까꼬-이 리-니이 나-더 다예-하찌 다 울-리찌 아-르밧

❼ Один билет, пожалуйста.
아진- 빌렛- 빠좔-스따

❽ Где мне надо выходить, чтобы доехать до Большого театра?
그제- 므녜- 나더 브이하지-찌 슈또-브이 다예-하찌 다 발-쇼-버 찌아뜨라

❶ 택시 승차장은 어디입니까?

❷ (메모를 보이면서) 이 주소로 가 주십시오.

❸ 크레믈린으로 가주세요.

❹ 시청까지 요금이 얼마정도 듭니까?

❺ 거기까지 가는 데 얼마나 걸립니까?

❻ 빨리 갈 수 있습니까? 늦었는데요.

❼ 오른쪽으로 돌아주시겠습니까?

❽ 여기서 세워주세요.

❾ 요금은 얼마입니까?

9. 교통수단

9

❶ Где стоянка такси?
그제- 스따얀-꺼 딱씨-

❷ По этому адресу, пожалуйста.
빠 에-떠무 아-드레쑤 빠좔-스따

❸ В Кремль, пожалуйста.
프 끄례-믈- 빠좔-스따

❹ Сколько надо заплатить до
городкого совета примерно?
스꼴-꺼 나-더 자쁠라찌-찌 다 가랏스꼬-버
싸볘-따 쁘리메-르너

❺ Сколько ехать туда?
스꼴-꺼 예-하찌 뚜다-

❻ Можно побыстрее, Я опоздал (남성)
/ опоздала (여성)
모-즈너 빠 스뜨레-이 야 아빠즈달- / 아빠즈달-라

❼ Поверните направо.
빠비르니-쩨 나쁘라-버

❽ Остановитесь здесь, пожалуйста.
아스따나비-쩨씨 즈제-씨 빠좔-스따

❾ Сколько с меня?
스꼴-꺼 스 미냐-

❶ 급행열차가 있습니까?

❷ 좌석을 예약해야 합니까?

❸ 예약을 하지 않아도 됩니다.

❹ 이 열차의 예약이 가능합니까?

❺ 언제까지 유효합니까?

❻ 끼예프까지 갑니까?

❼ 어디에서 갈아탑니까?

❽ 기차표를 반환하고 싶습니다.

❾ 반환이 가능합니까?

9

❶ Есть ли скорый поезд?
예-스찔 리 스꼬- 르이 뽀-이스뜨

❷ Надо ли забронировать место?
나-덜 리 자브라니-러바찌 메-스떠

❸ Не надо забронировать.
니 나-더 자브라니-러바찌

❹ Можно забронировать место в
этом поезде?
모-즈너 자브라니-러바찌 메-스떠 베-뗌 뽀-이즈제

❺ До какого времени действовать это?
다까꼬-버 브례-미니 제-이스뜨버바찌 에-떠

❻ Этот поезд идёт в Киев?
에-떳 뽀-이스뜨 이좃- 프끼예-프

❼ Где надо пересесть?
그제- 나-더 삐리세-스찌

❽ Я хочу поменять билет.
야 하추- 빠미냐-찌 빌렛-

❾ Можно поменять билет?
모-즈너 빠미냐-찌 빌렛-

❶ 끼예프까지 얼마나 걸립니까?

❷ 당일날 돌아올 수 있습니까?

❸ 돌아오는 편은 몇 시입니까?

❹ 식당차가 있습니까?

❺ 특실은 얼마입니까?

❻ 금연칸을 부탁합니다.

❼ 흡연칸을 부탁합니다.

❽ 침대칸이 있습니까?

❾ 침대칸은 얼마입니까?

9

❶ Сколько времени идёт поезд до Киева.
스꼴-꺼 브례-미니 이죳- 뽀-이스쁘 다끼예-바

❷ Можно вернуться в тот день?
모-즈너 비르누-쨔 프또옷젠

❸ В котором часу будет обратный поезд?
프 까또-럼 치쑤- 부-짓 아브라-뜨늬 뽀-이스쁘

❹ Есть ли вагон-ресторан?
예-스찔 리 바곤-리스따란-

❺ Сколько стоит за люкс?
스꼴-꺼 스꼬-잇 자 룩-스

❻ Дайте мне, пожалуйста, места для некурящих.
다-이쩨 므녜- 빠좔-스따 미스따- 들랴 니꾸랴-쉬흐

❼ Прошу места для курящих.
쁘라슈- 미스따- 들랴- 꾸랴-쉬흐

❽ Есть ли спальный вагон?
예-스찔 리 스빨-늬 바곤-

❾ Сколько стоит за спальный вагон?
스꼴-꺼 스또-잇 자 스빨-늬 바곤-

➡ 철도여행 관련 단어표현

역	вокзал	바그잘-
열차	поезд	뽀-이스뜨
매표소	билетная касса	
		빌렛-나야 까-싸
매표구	билетное окошко	
		빌렛-나예 아꼬-쉬꺼
편도기차표	билет в один конец	
		빌렛- 아진- 까녜-쯔
왕복기차표	билет в оба конца	
		빌렛- 보-버 깐짜-
1등석	первый класс	뻬-르브이 끌라-스
2등석	второй класс	프따로-이 끌라-스
간이침대차	купе	꾸뻬-
침대차	спальный вагон	스빨-늬 바곤-
침대차	купе	꾸뻬-
침대권	место для купе	
		몌-스떠 들랴- 꾸뻬-
침대 윗칸	верхняя кровать	
		볘-르흐냐야 끄라바-찌
침다 아래칸	нижняя кровать	
		니-쥬냐야 끄라바-찌
좌석	место	몌-스떠
지정좌석	заранее взятое место	
		자라-니예 브쟈-떠예 몌-스떠
보통열차	обычный поезд	
		아브이-치늬 뽀-이스뜨
급행열차	экспресс	엑스쁘레-스

특급열차	курьерский поезд 꾸리예-르스끼 뽀-이스뜨
주간열차	дневной поезд 드니브노-이 뽀-이스뜨
야간열차	ночной поезд 나치노-이 뽀-이스뜨

➡ 버스여행 관련 단어표현

버스터미널	автовокзал　압떠바끄잘-
버스정류장	остановка автобуса 아스따노-프까 압또-부싸
버스	автобус　　압또-부스
2층버스	двухэтажный автобус 드부흐에따-쥬늬 압또-부스
시내버스	(городской) автобус 가랏스꼬-이 압또-부스
관광버스	эскурсионный автобус 엑스꾸르씨온-늬 압또-부스
장거리버스	междугородный автобус 미쥬두가로-드늬 압또-부스
직행버스	автобус-экспресс 압또-부스 엑스쁘레-스
직행버스	прямой автобус 쁘리모-이 압또-부스
일시 정차	временная остановка 브레-민나야 아스따노-프까
식사를 위한 정차	остановка для еды 아스따노-프까 들랴- 예-듸

교통수단 관련 단어!

➡ 선박여행 관련 단어표현

항구	порт	뽀-르뜨
여객선	пароход	빠라홋-
부두	пристань	쁘리-스딴
기항지	порт отправления	
	뽀-르뜨 앗쁘라블례-니야	
승선권	пассажирный билет	
	빠싸쮀-르늬 빌롓-	
선실	каюта	까유-떠
침대	кровать	끄라바-찌
욕실	ванная	반-나야
의무실	лазарет	라자롓-
구명부낭	спасательный буй	
	스빠싸-찔-늬 부-이	
구명동의	спасательный жилет	
	스빠싸-찔-늬 쥘롓-	
구명보트	спасательная лодка	
	스빠싸-찔-나야 롯-꺼	

➡ 지하철 관련 단어표현

매표구	билетное окошко	
	빌롓-너예 아꼬-쉬꺼	
입구	вход	프홋-

출구	выход	브이-홋
플랫홈	платформа	쁠랏포-르머
갈아타는곳	пересадка	뻬리삿-꺼

택시 관련 단어표현

택시승차장	стоянка такси 스따얀-까 딱씨-	
택시	такси	딱씨-
택시기사	таксист	딱씨-스뜨
기본요금	основная плата 아스나브나-야 쁠라-떠	
할증요금	добавочная плата 다바보-취나야 쁠라-떠	
택시요금	плата за проезд 쁠라-떠 자 쁘라예-스뜨	
미터계	счётчик	숏-칙
거스름돈	сдача	즈다-처
화물요금	плата за багаж 쁠라-떠 자 바가-쉬	
운전면허증	права водителя 쁘라바- 바지-쩰랴	
계약서	контракт	깐뜨락-뜨

주유소	автозаправочная станция
	압따자쁘라-버취나야 스딴-찌야
가솔린	бензин 빈진-
가득채움	полностью 뽈-너스찌유
도로지도	дорожная карта
	다로-즈나야 까-르떠
고속도로	автострада 압따스뜨라-더
유료도로	платная дорога
	쁠라-뜨너야 다로-가
교차점	перекрёсток 뻬리끄료-스떡
주차장	стоянка 스따얀-꺼
일방통행	односторонний
	아드나스따론-늬
통행금지	дорога закрыта
	다로-거 자끄르이-따
사고	авария 아바-리야
서행	ехать медленно
	예-하찌 메-들린너
안전밸트	ремень безопасности
	리멘- 비자빠-스너-스찌
공사중	ремонт 리몬-뜨
추월금지	обгон запрещён 압곤- 자쁘리숀-
주차금지	стоянка запрещена
	스따얀-까 자쁘리쉬나-

10. 관광하기!

❶ 관광 정보!

개인 관광을 하던지, 단체 관광을 하던지 간에 도시를 관광 하는데에는 지도가 필요합니다. 특히 구소련 지역에는 다른 유럽 나라들처럼 관광 안내소가 따로 운행되지 않기때문에 시내 지도를 구입하여 참고하도록 합니다. 지도는 호텔이나 길모퉁이의 매점에서 구입할 수 있으며 공항의 경우에는 도착 지점이 아닌 출발 지점에서 판매되고 있으니 유의하시기 바랍니다.

❷ 시내관광 상식

관광은 개별적으로 지도를 가지고 자유롭게 찾아 다니는 방법과 단체로 정해진 스케줄에 의해 이동을 하는 방법, 간편하게 차내에서 시내를 한바퀴 둘러보는 시티투어 관광법이 있습니다. 시간을 얼마나 할애할 것인가, 여유시간은 얼마나 있느냐에 따라 자신에게 맞는 방법을 정하도록 합니다.

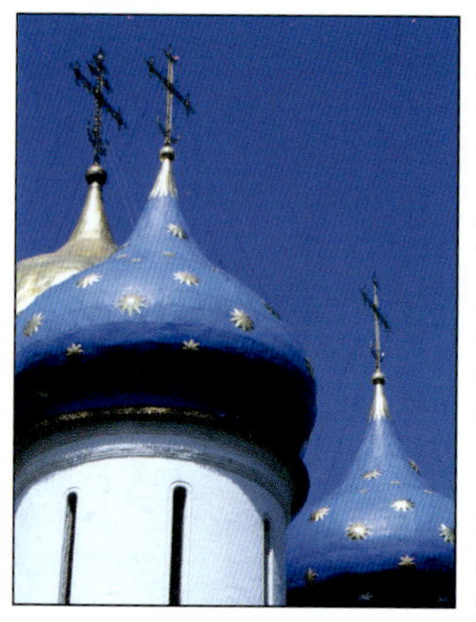

효과적인 관광을 위해서 전날 밤에는 꼼꼼하게 시간계획과 교통편, 가능하다면 지하철의 출구번호까지 간단히 메모를 해두도록 합니다. 이를 위해 시내지도와 노선표는 필수적으로 준비하도록 합니다. 잔돈도 충분히 준비하며, 카메라와 필름도 준비합니다.

관광지도를 이용해 목적지를 찾아 가는 방법과 병행해서 상점이나 현지 행인들에게 위치를 물어 보는 것도 좋습니다. 특히 귀중품은 잘 관리하도록 하고, 무거운 짐은 객실에 놔두고 가는 것이 좋으며, 간편한 차림과 간식거리를 챙겨서 나가는 것이 좋습니다. (물, 음료수, 초콜릿, 쿠키 등) 일기의 변동에 대비해서 우산이나 우비도 작은 가방안에 넣어 가지고 다니는 것이 좋습니다.

❸ 사진촬영 상식

여행지의 생생한 기록은 사진입니다. 요즘은 디지털카메라와 핸디캠의 보급으로 많은 이들의 기록 수단이 되고 있습니다. 주의하실 점은 충전식의 경우 베터리의 재충전을 위해 해당국의 전압과 콘센트 상태를 미리 체크하고 순비하여야 힙니디.

최근 여행자들이 사용하는 방법중에 또 한 가지는 디지털카메라로 찍은 현장사진을 이메일로 한국으로 보내거나, 웹하드에 저장하는 방법이 있습니다. 인터넷카페를 이용해 현장 사진을 고국으로 전하는 방법도 유용할 것입니다.

❹ 촬영시의 주의!

사진촬영에 있어 유의해야 할 점은 군사시설이나 사건현장에서 직무중인 경찰의 모습을 촬영해서는 안 된다는 것입니다. 그리고 관광지역 이외에서의 시설물이나 매장의 촬영은 제재를 받을 수도 있습니다.

개인을 찍을 때에도 반드시 촬영 전에 양해를 구하도록 해서 먼저 승낙을 얻은 후 촬영을 하시는 것이 좋습니다.

 ❺ 주요 관광 정보!

낮동안의 도시관광과 함께 추천할 만한 볼거리로는 다양한 연예, 스포츠 등이 있을 수 있습니다. 연예(**entertainment**) 프로그램들은 하루의 피로를 풀어줌과 동시에 그 나라의 문화를 접할 수 있어서 특히 권할만한 문화적 여흥거리입니다. 대표적인 공연예술들로는 뮤지컬, 오페라, 콘서트, 발레, 쇼, 연극, 영화를 들 수 있으며, 축제나 거리공연 등도 꼭 보셔야 할 부분입니다.

공연예술작품들에 대한 정보는 키오스크에서 판매되는 정보지나 여행사 등지에서 얻을 수 있으며, 티켓은 극장이나 영화관의 매표소에 가서 직접 구입하는 방법과 길 모퉁이에 있는 티켓 매장 또는 호텔의 서비스 뷰로에서 구입할 수 있습니다.

 ❻ 주요 관광지!

★★ 모스크바

모스크바는 러시아 연방의 수도로서 정치, 경제, 문화, 교통의 중심지입니다. 이러한 모스크바 최대의 관광 명소는 크렘린으로서 크렘린은 원래 성벽을 의미하는 러시아어로 모스크바강 기슭 위에 붉은 광장을 마주하고 서 있습니다.

모스크바 시가지는 크렘린을 중심으로 하여 세 개의 환상선과 방사선으로 연결되어 있으며, 크렘린 안에는 크렘린의 망루, 우스펜스키 사원, 12사도 사원, 크렘린 대궁전과 그라노비타야 궁전 등의 관광 명소가 있습니다. 모스크바의 또 다른 명소인 붉은 광장은 러시아 축제일 중에 하나인 전승 기념일에 군인 퍼레이드가 열리는 곳으로서 그 주변에는 국립 역사 박물관과 바실리 성당, 그리고 국영 백화점인 굼 백화점 등이 있습니다.

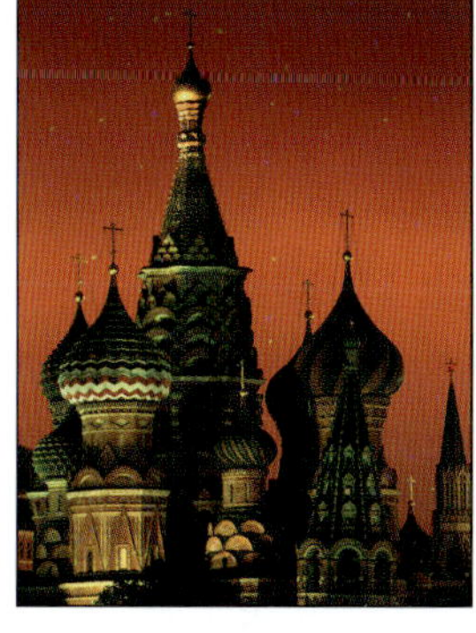

★★ 상트 페테르부르크

2백여년 동안 러시아의 수도였던 상트 페테르부르크는 유네스코가 지정한 문화 유적 도시인 만큼 건축적인 면에서 유럽에서 가장 아름다운 도시중에 하나입니다. 위도상으로 북쪽에 위치한 이 도시는 네바 강의 델타 지대에 형성된 자연의 섬과 운하로 인해 만들어진 섬 위에 도시가 세워졌으므로 북쪽의 베니스라고도 합니다.
학술, 문화, 교육의 도시인 상트 페테르부르크는 문화 시설로 키로프 기념극장, 푸슈킨 기념극장, 고리키 문화 궁전, 러시아 민족박물관, 에르미타쥐 미술관 등이 있으며, 역사적인 건물들로는 스트로가노프 궁전, 카잔 수도원, 알렉산드르네프스키 수도원, 아니치코프 궁전 등이 있습니다.

❶ 관광안내소는 어디 있습니까?

❷ 여행안내서를 얻을 수 있습니까?

❸ 흥미로운 몇 곳을 말씀해 주시겠습니까?

❹ 시내지도 있습니까?

❺ 어디에서 출발합니까?

❻ 한 사람에 얼마입니까?

❼ 하루에 얼마입니까?

❽ 관광하는 곳을 말해 주십시오.

10. 관광하기!

❶ Где туристическое бюро?
그제- 뚜리스찌-체스꺼예 뷰로-

❷ Можно получить путеводитель?
모-즈너 빨루치-찌 뿌찌바지-찔-

❸ Скажите мне, пожалуйста,
несколько интересных мест?
스까쥐-쩨 므녜- 빠좔-스따 녜-스껄꺼 인찌례-스늬흐 메-스뜨

❹ У вас есть карта города?
우 바-스 예-스찌 까-르떠 고-러다

❺ Откуда отходит?
앗꾸-더 앗호-짓

❻ Сколько стоит за один?
스꼴-꺼 스또-잇 자 아진-

❼ Сколько стоит за день?
스꼴-꺼 스또-잇 자 젠

❽ Скажите, пожалуйста, куда мы
поедем.
스까쥐-쩨 빠좔-스따 꾸다- 므이 빠예-짐

❶ 실례합니다. 길을 잃었습니다.

❷ 여기가 어디입니까?

❸ 여기가 무슨 거리입니까?

❹ 어느 쪽이 북쪽입니까?

❺ 지도상으로 제가 어디에 있는 건가요?

❻ 지하철역에는 어떻게 가야 하나요?

❼ 한국대사관이 어디 있는지 아십니까?

❽ 그곳까지 걸어갈 수 있나요?

❾ 가장 가까운 화장실은 어디에 있습니까?

10. 관광하기!

❶ Простите, я потерял (남자) /
потеряла (여자) дорогу.
쁘라스찌-쩨 야 빠찌랄- / 빠찌랄-라 다로-구

❷ Где мы?
그제- 므이

❸ Как называется эта улица?
깍 나즈이바-잇쨔 에-떠 울-리짜

❹ Какое направление север?
까꼬-예 나쁘라블례-니예 세-비르

❺ Где я на карте?
그제- 야 나 까-르쩨

❻ Как доехать до станции метро?
깍 다예-하찌 다 스딴-찌이 미뜨로-

❼ Вы знаете, где находится
корейское посольство?
브이 즈나-이쩨 그제- 나호-짓쨔 까레-이스꺼예 빠쏠-스뜨버

❽ Можно идти пешком туда?
모-즈너 잇찌- 뻬쉬꼼- 뚜다-

❾ Где ближайший туалет?
그제- 블리좌-이쉬 뚜알렛-

⑩ 여기서 얼마나 멉니까?

⑪ 얼마나 걸릴까요?

⑫ 러시아 호텔은 여기서 멉니까?

⑬ 어떻게 가야 합니까?

⑭ 저는 이곳이 초행입니다.

⑮ 여기에 약도를 그려 주십시오.

⑯ 그곳은 버스로 갈 수 있습니까?

⑰ 지금 제가 있는 곳을 지도에 표시해 주세요.

⑱ 감사합니다. 그쪽으로 가보겠습니다.

10. 관광하기!

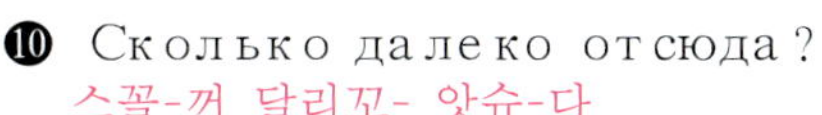

❿ Сколько далеко отсюда?
스꼴-꺼 달리꼬- 앗슈-다

⓫ Сколько времени надо?
스꼴-꺼 브례-미니 나-더

⓬ Далеко ли гостиница Россия
отсюда?
달리꼴- 리 가스찌-니짜 라씨-야 앗슈-다

⓭ Как доехать?
깍 다예-하찌

⓮ Я здесь никого не знаю.
야 즈제-씨 니까보- 니 즈나-유

⓯ Наметите карту здесь, пожалуйста.
나몌-찌쩨 까-르뚜 즈제-씨 빠쫠-스따

⓰ Можно доехать туда на автобусе?
모-즈너 다예-하찌 뚜다- 나 압또-부쎄

⓱ Отмените на карте, пожалуйста,
где я сейчас.
앗몌-니쩨 나 까-르쩨 빠쫠-스따 그제- 야 씨챠-스

⓲ Спасибо. Я пойду туда.
스빠씨-바 야 빠이두- 뚜다-

④ 기념사진 찍기!

❶ 사진 좀 찍어주시겠어요?

❷ 이 버튼을 누르시기만 하면 돼요.

❸ 그럼 찍으세요. 준비됐습니다.

❹ 그럼 찍습니다.

❺ 한 장 더 부탁합니다.

❻ 여기서 사진을 찍어도 됩니까?

❼ 함께 사진을 찍을 수 있을까요?

фотографировать (파따그라피-러 바찌)
　　　　　　　　　　: 사진찍다

просто (쁘로-스떠) : 단지

❶ Сфотографируйте, пожалуйста.
스빠따그라피-루이쩨 빠좔-스따

❷ Просто нажмите кнопку.
쁘로-스떠 나쥐미-쩨 끄노-쁘꾸

❸ Фотографируйте, я готов (남자) / готова. (여사)
파따그라피-루이쩨 야 가또-프 / 가또-바

❹ Фотографирую.
파따그라피-루유

❺ Ещё раз, пожалуйста.
이쑈- 라-스 빠좔-스따

❻ Можно ли фотографировать здесь?
모-즈너 리 파따그라피-로바찌 즈제-씨

❼ Можно фотографироваться со мной.
모-즈너 파따그라피-러바쨔 싸 므노-이

нажать (나좌-찌) : 누르다

кнопка (끄놉-꺼) : 버튼

готов (가또-프) : 준비된

앗! 단어장!

➡ 관광 관련 단어표현

관광	экскурсия	엑스꾸-르씨야
명소	достопримечательность	다스따쁘리미차-찔-너스찌
박람회	выставка / экспозиция	브이-스떠프꺼 / 엑스빠지-찌야
박물관	музей	무제-이
화랑	галерея	갈리례-야
전시장	выставка	브이-스따프까
수족관	аквариум	아끄바-리움
동물원	зоопарк	자아빠-르끄
식물원	ботанический сад	바따니-치스끼 사-뜨
교외	за город	자고-럿
시내중심	центр города	짼-뜨르 고-러다
공원	парк	빠-르끄
유원지	место для развлечения	메-스떠 들랴- 라즈블리체-니야
축제	фестиваль	풰스찌발-
특별행사	специальное событие	스뻬찌알-노예 싸브이-찌예
행사	событие	싸브이-찌예
연중행사	годовое событие	가다보-예 싸브이-찌예

➡ 사진 관련 단어표현

| 현상 | проявление | 쁘라이블레-니예 |

인화	печатание	삐챠-따니예
컬러필름	цветная плёнка	쯔비뜨나-야 쁠론-꺼
슬라이드 필름	слайдовая плёнка	슬라-이더바야 쁠론-꺼
흑백필름	чёрнобелая плёнка	쵸-르너벨-라야 쁠론-꺼
건전지	батарейка	바따례-이꺼
사진촬영 금지	не фотографировать	니예- 파따그라피-러바찌
프레쉬 금지	не пользоваться вспышкой	니예- 쁠-자밧쨔 프스쁘이-쉬꺼이

➡ 시내관광 관련 단어표현

이쪽	сюда	슈다
이쪽	здесь	즈제-씨
저쪽	туда(방향) / там(장소)	뚜다 / 땀
앞	вперёд(방향) / перед(장소)	프피롯- / 뼤-릿
뒤	сзади	자-지
옆	рядом	랴-덤
반대편	противоположная сторона	쁘라찌바빨로-즈나야 스따라나-
오른쪽	правая сторона	쁘라-바야 스따라나-
오른쪽방향	направо	나쁘라-버
왼쪽	левая сторона	례-바야 스따라나-

왼쪽방향	налево	날례-버
곧장	прямо	쁘랴-머
도로	дорога	다로-거
보도	тротуар	뜨라뚜-아르
횡단보도	пешеходный переход	
		삐쉬홋-늬 삐리홋-
네거리	пересекающая дорога	
		삐리씨까-유샤야 다로-거
구획	квартал	끄바르딸-
가로	дорога / улица	
		다로-거 / 울-리쩌
가로	бульвар	불-바-르
교차로	перекрёсток	삐리끄료-스똑
버스정류장	остановка автобуса	
		아스따노-프꺼 압또-부싸
택시승차장	стоянка такси	
		스따얀-까 딱씨-
지하철역	станция метро	
		스딴-찌야 미뜨로-
기차역	вокзал	바그잘-
시장	рынок	르이녹-
상가	торговый пассаж	
		따르고-브이 빠싸-쉬
광장	площадь	쁠로-쉬찌
공원	парк	빠-르끄
시내중심가	центр города	짼-뜨르 고-러다

10

➡ 거리의 경고 표시들!

주의!	осторожно	아스따로-즈너
위험!	опасно	아빠-스너
경고!	предупредительно	
	쁘리두쁘리지-쩰-너	
안내	информация	인파르마-찌야
계단이용!	пользоваться лестницей	
	뽈-자빗쩌 레-스니쩨이	
고장!	не работает	
	니- 라보-따잇	
접근금지!	не входить	
	니- 프하지-찌	
접근금지!	вход воспрещён	
	프홋- 바스쁘리숀-	
통행금지!	не переходить	
	니- 삐리하지-찌	
영업중	открыто	앗끄르이-떠
폐점	закрыто	자끄르이-떠
미시오!	от себя	앗씨뱌-
당기시오!	к себе / на себя	
	끄씨뼤- / 나씨뱌-	
입구	вход	프홋-
출구	выход	브이-홋
비상구	запасной выход	
	자빠스노-이 브이-홋	
화장실	уборная	우보-르나야
화장실	туалет	뚜알렛-
공중변소	общественная уборная	
	압쉐-스뜨빈나야 우보-르나야	

⑤ 공연의 관람! 1.

❶ 몇 시 표가 있습니까?

❷ 입장료는 얼마입니까?

❸ 학생요금 할인됩니까?

❹ 학생 (어른) 2장 주세요.

❺ 가장 싼 좌석으로 2장 주십시오.

❻ 오늘 좌석이 있습니까?

❼ 영화관은 어디에 있습니까?

❽ 오페라를 보고 싶습니다.

❾ 오페라는 어디서 관람할 수 있습니까?

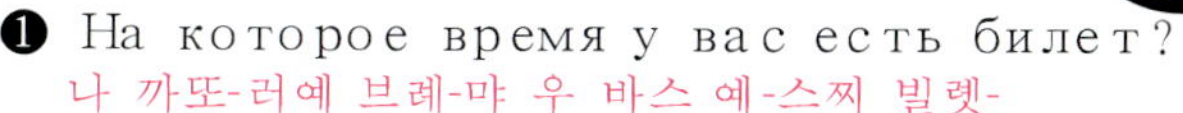

❶ На которое время у вас есть билет?
나 까또-러예 브례-먀 우 바스 예-스찌 빌렛-

❷ Сколько стоит за вход?
스꼴-꺼 스또-잇 자 프홋-

❸ Можно купить билет для студентов
со скидкой?
모-즈너 꾸삐-찌 빌렛- 들랴- 스뚜젠-떠프 싸 스끼-뜨꺼이

❹ Дайте два билета для студентов
(взрослых).
다-이쩨 드바- 빌례-따 들랴- 스뚜젠-떠프 (브즈로-슬르이흐)

❺ Дайте два билета на самые дешёвые
места, пожалуйста.
다이쩨 드바 빌례-따 나 싸-므이예 지쇼-브이예 메-스따 빠좔-스따

❻ Есть ли свободное место на сегодня?
예-스찔 리 스바보-드너예 메-스떠 나 씨보-드냐

❼ Где кинотеатр?
그제- 끼나찌아-뜨르

❽ Я хочу послушать оперу.
야 하추- 빠슬루-샤찌 오-뻬루

❾ Где можно слушать оперу?
그제- 모-즈너 슬루-샤찌 오-뻬루

❿ 지금은 무슨 공연을 하고 있습니까?

⓫ 지금 인기있는 공연은 무엇입니까?

⓬ 출연진은 누구 누구입니까?

⓭ 며칠 동안 공연을 합니까?

⓮ 입구는 어디입니까?

⓯ 공연은 몇 시에 시작합니까?

⓰ 몇 시에 끝납니까?

⓱ 여기 자리 있습니까?

❿ Что идёт сейчас?
슈또- 이죳- 씨챠-스

⓫ Какое представление пользуется
сейчас популярностью?
까꼬-예 쁘릿스따블례-니예 뽈-주옛짜 씨챠-스
빠뿔랴-르너스찌유

⓬ Кто играет сейчас?
끄또- 이그라-옛 씨챠-스

⓭ На сколько дней будет это
представление?
나 스꼴-꺼 드녜-이 부-짓 에-떠
쁘릿스따블례-니예

⓮ Где вход?
그제- 프홋-

⓯ В котором часу начинается
представление?
프 까또-럼 치쑤- 나치나-엣쨔 쁘릿스따블례-니예

⓰ Когда кончается это?
까그다- 깐챠-엣쨔 에-떠

⓱ Это место занято?
에-떠 몌-스떠 자-니떠

7 나이트 클럽!

❶ 디스코텍에 가고 싶습니다.

❷ 근처에 디스코텍이 있습니까?

❸ 몇 시에 오픈합니까?

❹ 입장료는 얼마입니까?

❺ 입장료가 포함된 것입니까?

❻ 음료수 값은 별도입니까?

❼ 저와 춤추시겠습니까?

поблизости (빠블리-저스찌) : 근처에
открываться (앗끄르이-밧쨔) : 열리다
плата за вход (빨라떠 자 프홋-) : 입장료

230

10. 관광하기!

❶ Я хочу сходить на дискотеку.
야 하추- 스하지-찌 나 지스까쩨-꾸

❷ Есть ли поблизости дискотека?
예-스찔 리 빠블리-저스찌 지스까쩨-꺼

❸ Когда открывается?
까그다- 앗끄르이바-엣쨔

❹ Сколько стоит вход?
스꼴-꺼 스또-잇 프홋-

❺ Плата за вход входит в стоимость?
쁠라-떠 자 프홋- 프호-짓 프스또-이머스찌

❻ Напитки - платно?
나삐-뜨끼 쁠라-뜨너

❼ Не хотите потанцевать со мной?
니- 하찌-쩨 빠딴찌바-찌 싸므노-이

входить (프하지-찌) : 포함되다

напитки (나삐-뜨끼) : 음료수

танцевать (딴찌바-찌) : 춤추다

앗! 단어장!

⑧ 스포츠 즐기기!

❶ 어떤 운동을 좋아하십니까?

❷ 야구를 제일 좋아합니다.

❸ 저는 스빠르딱 팀의 열렬한 팬입니다.

❹ 내 취미는 축구를 하는 것입니다.

❺ 축구 시합을 보고 싶습니다.

❻ 어떤 시합이 펼쳐집니까?

❼ 낚시하러 가고 싶습니다.

❽ 골프 투어에 참가하고 싶습니다.

❾ 카누를 타고 싶습니다.

❶ Какой спорт вы любите?
까꼬-이 스뽀-르뜨 브이 류비-쩨

❷ Я люблю бейсбол больше всего.
야 류블류- 베이스볼- 볼-쉐 프씨보-

❸ Я болельщик каманды Спартак.
야 발렐-쉭 까만-디 스빠-르딱

❹ Моё хобби - играть футбол.
마요- 호-비 이그라-찌 후-드벌

❺ Я хочу посмотреть футбольный матч.
야 하추- 빠스마뜨례-찌 후-드볼-늬 맛-치

❻ Какой матч идёт?
까꼬-이 맛-치 이좃-

❼ Я хочу поехать ловить рыбу.
야 하추- 빠예-하찌 라비-찌 르이-부

❽ Я хочу участвовать в соревнование
по гольфу.
야 하추- 우챠-스뜨버바찌 프 사리브나바-니예 빠 골-푸

❾ Я хочу плыть на каноэ.
야 하추- 쁠르이-찌 나 까노-에

➡ 공연예술 관련 단어표현

음악회	концерт	깐쩨-르뜨
음악당	концертный зал	깐쩨-릇늬 잘
쇼	зрелище	즈렐-리쉐
버라이어티쇼	водевиль	바지빌-
버라이어티쇼	эстрадное представление	에스뜨라-드너예 쁘릿스따블례-니예
연극	спектакль	스뻭따-끌-
뮤지컬	музыкальная комедия	무지깔-나야 까몌-지야
오페라	опера	오-뻬러
발레	балет	발롓-
영화	кино	끼노-
영화관	кинотеатр	끼나쪠아-뜨르
극장	театр	쪠아-뜨르
야외극장	театр на открытом воздухе	쪠아-뜨르 나앗끄르이 -떰 보-즈두혜

➡ 공연예매 관련 단어표현

매표소	билетная касса	빌롓-나야 까-써
예매권	заказанный билет	자까-잔늬 빌롓-
어른 / 어린이	взрослые / дети	브즈로-슬르이예 / 제-찌

학생	студент	스뚜젠-뜨
예약석	заказанное место	
	자까-잔너예 메-스떠	
자유석	не заказанное место	
	니 자까-잔너예 메-스떠	
맨윗층관람석	балкон	발꼰-
1층정면좌석	партер	빠르쩨-르
2층정면좌석	бельэтаж	벨-에따-쉬
특빌석	ложа	도-쉬
입석	стоящее место	
	스따야-쉬예 메-스떠	
빈좌석	свободное место	
	스바보-드너예 메-스떠	
낮공연	представление дня	
	쁘릿스따블례-니예 드냐	
리허설	репетиция	리삐찌-찌야
휴식시간	перерыв	삐리르이-프
공연(상연)	представление	
	쁘릿스따블례-니예	

➡ 스포츠 관련 단어표현

축구	футбол	후드볼-
야구	бейсбол	베이스볼-
수영	плавание	쁠라바-니예
수영장	бассейн	바세-인
골프	гольф	골-프

골프장	площадка для гольфа
	쁠라샤뜨-꺼 들랴 골-휘
테니스	теннис 뗀-니스
테니스 코트	теннисный корт
	뗀-니스늬 꼬-르뜨
캠핑	кемпинг 껨-핑그
등산	альпинизм 알-삐니-즘
캠프장	туристического лагеря
	뚜리스찌-치스꺼버 라-기랴
낚시	рыболовство 르이발롭-스뜨버
보트	гребная шлюпка
	그리브나-야 슐류-프꺼
보트타기	гребля 그례-블랴
싸이클링	циклирование
	찌끌리-러바니예
자전거 대여	взятие велосипеда
	브쟈-찌예 빌라씨뻬-다
스키	ходьба на лыжах
	하지바- 날르이-쥐흐
스키스틱	лыжная палка
	르이-즈나야 빨-꺼
스키화	лыжные ботинки
	르이-즈늬예 바찐-끼
스키팬츠	лыжные брюки
	르이-즈늬예 브류-끼
스케이트	катание на коньках
	까따-니예 나 깐-까-흐

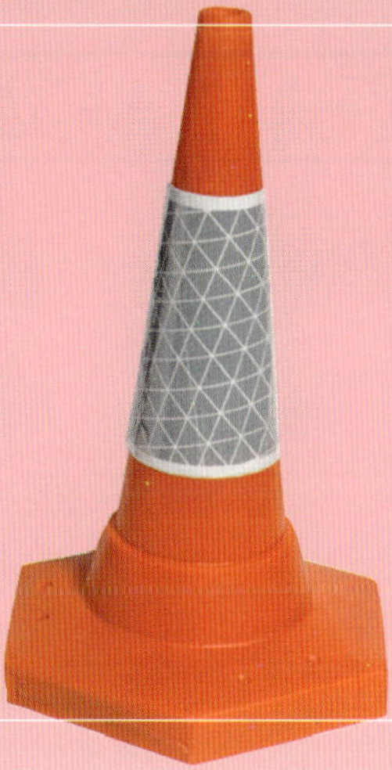

11. 사고상황의 대처

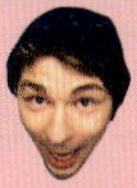

 **❶ 문제상황의 발생!**

해외여행 중에 예기치 않은 사고나 돌발사태가 있을 수 있습니다. 중요한 것은 당황하지 말고 침착하게 대처하는 것입니다. 언어가 제대로 소통되지 않는 상황에서 흥분하고 큰소리로 사정을 외쳐도 도움을 구하긴 결코 쉽지 않습니다. 만약 신변의 위험을 느끼는 상황이라면 주저하지 말고 곧바로 가까운 경찰관이나 경찰서, 대사관 등을 찾으시고, 물건을 도난당하거나 분실했을 때, 또 다쳤을 때는 긴급구조나 경찰서에 즉시 연락을 취하십시오. 특히 보관, 관리에 신경써야 할 것으로는 여권인데 경비와 별도로 깊은 곳에 잘 보관해야 하겠습니다. 돌발사고가 발생했을 때에는 바로 전화하십시오! 경찰은 02, 구급차는 03번 입니다.

 ❷ 분실 도난사고시!

ⓐ 여권을 분실했을 때

여권을 분실해 재발급을 받으려면 상당한 시간이 소요됩니다. 전체 여행에 차질을 빚을 수 있으므로 가능한 한 빨리 한국대사관이나 총영사관에 연락한 후 '여행자 증명서'를 발급 받도록 합니다. 여권 및 여행자 증명서를 재발급 받기 위한 구비서류로는 ① 여권 도난 / 분실 증명서 (현지 경찰 발급), ② 일반여권 재발급신청서 2통, ③ 신분증, ④ 사진 2매, ⑤ 분실한 여권의 번호와 교부일자 등을 준비해야 합니다. 이럴 경우를 대비해 여권 앞면을 복사해서 보관하고 있어야 합니다.

ⓑ 여행자수표를 분실했을 때

재발행은 두 번째의 사인을 하지 않은 미사용분만 가능합니다. 재발행을 위해서는 ① 분실증명서(경찰서에서 발급), ② 발행 증명서(구입시 은행에서 준 것), ③ 여권이나 운전면허증 등의 신분증을 지참하고 발행 은행의 현지 지점으로 가시면 됩니다. 그러나 러시아에는 여행자 수표의 발행 회사 지점이 모스크바와 상트 페테르부르크밖에 없으므로 주의하도록 합니다.

ⓒ 항공권을 분실했을 때

발권 항공사의 대리점으로 가서 재발급 신청을 합니다. ① 항공권번호, ② 발권일자, ③ 구간, ④ 복사본이 있으면 편리하며, 소요시간은 약 1주일정도 걸립니다. 시간이 촉박할 때는 일단 새로 비행기표를 사고, 나중에 환불 받는 방법을 취하도록 하십시오.

ⓓ 크레디트카드를 분실했을 때

카드발행회사에 즉시 신고합니다. 카드번호와 유효기간 등은 반드시 따로 메모해 둡니다. 보통 지갑과 함께 잃어버려 현금과 다른 신분증을 함께 잃어 버리는 경우가 많은데 이를 위해 현금과 카드는 분산해서 소지하고 한국으로부터 송금받을 경우에 대해서도 대비를 하도록 합니다.

ⓔ 배낭 또는 기타 물건을 분실했을 때

가방을 분실하거나 도난 당했을 경우, 현지 경찰의 분실증명서를 발급 받아야 합니다. 보험가입자의 경우 귀국 후 보험청구시에 반드시 필요한 서류가 됩니다. 항공기의 운송사고의 경우는 사고보상에 따른 일체를 항공사가 배상합니다.

✚ 도난사고의 예방!

도난사고에 대비하는 준비도 중요하지만 그보다 더 중요한 것은 도난이나 범죄의 가능성을 줄이는 것, 즉 예방입니다. 특히 도난사고가 빈번한 장소로는 공항, 기차역, 호텔 로비, 유명관광지 등을 들 수 있으며, 밤길, 유행가, 뒷골목은 강도 범죄가 다발하고 있어 특히 주의를 요합니다. 귀중품의 경우 호텔 프론트에 맞기는 것도 좋은 방법입니다.

 # 분실, 도난, 사고?

 ## ❸ 교통사고 발생시!

사고가 발생하면 우선 경찰에 신고하십시오. 경찰 조사가 공정하지 않다고 판단되거나 정확한 과실 규명이 필요할 때는 한국대사관이나 총영사관에 연락해 도움을 구합니다. 특히 접촉사고시에 어느 쪽의 과실인지 정확히 밝혀지지 않은 상태에서 예의상 먼저 '미안합니다.' 라고 해서는 곤란합니다. 이는 '자신의 과실로 인정한다.'는 뜻이 될 수도 있기 때문입니다. 렌트카의 경우도 과실여부에 따라 전액 보험처리가 되므로 절대 흥분하지 말고 사고처리가 이루어 질 때까지 사고 조사의 과정을 잘 지켜 봐야 하겠습니다.

 ## ❹ 질병에 대한 대비!

기후, 시차 및 식사 등 갑작스러운 변화로 몸에 탈이 생겨 여행에 차질을 빚게 되는 경우가 종종 있습니다. 최근에 해외여행자 보험이 현지 병원과 약국의 도움을 받을 수 있는 보험상품까지 소개되고 있어 여행중의 부상에 대해 다소 걱정을 덜 수 있게 되었습니다. 그럼에도 불구하고 기본적인 비상약은 반드시 챙겨 나가야 하는데 이는 간단한 약품일지라도 나라에 따라서는 쉽게 살 수 없기 때문입니다. 배탈 설사는 여름철 가장 흔한 일로 '정로환' 정도는 필수로 챙겨 가셔야 합니다. 그리고 평소에 건강이 좋지 않으신 분은 복용하시던 약을 여유분까지 충분히 준비해 나가셔야 하며, 만성 질환자의 경우는 영문 처방전을 소지하시는 것이 좋습니다. 또 의사의 진료를 받아야 할 경우에는 호텔의 인투리스트에 부탁해서 의사의 왕진을 받도록 합니다. 기본적으로 의사의 진료는 무료이므로 인투리스트의 수수료와 의사의

 왕진 택시비 정도만 지불하면 됩니다. 장기적으로 입원 치료를 받아야 할 사태라면 한국으로 이를 알려 친지의 도움을 구하셔야 하겠으며, 그밖의 질환은 가능한한 귀국 후에 치료를 받도록 합니다.

❺ 약국의 처방!

병원에서는 약을 받을 수 없습니다. 구소련 지역은 의약 분업이 완전하게 이루어 지고 있어서 아프다고 해서 바로 약국에서 약을 지어 먹을 수가 없습니다. 약국에서 살 수 있는 약은 간단한 외상제, 복통, 아스피린 정도이며 항생제나 기타 약품은 의사의 처방전이 없이 구입할 수 없습니다. 먼저 의사의 진찰을 받으시고, 처방전을 받아 약사에게서 약을 타셔야 합니다. 그렇기 때문에 간단한 비상약은 준비해 가야 하며 병중이거나 병력이 있는 사람은 위급할 경우를 대비해서 영문 진단서를 여권 속에 넣어 보관하고 있는 것이 좋습니다.

✚ 여행자 필수 메모장~!

여권과 비자 : 여권번호, 유효기간, 발행일, 발행지, 해당지역의 한국공관 연락처 (여권사본)

항공권 : 항공권번호, 발행일, 관련항공사의 현지 연락처

여행자수표 : 여행자수표 일련번호, 구입일, 관련 은행 연락처

신용카드 : 카드번호, 발급회사 연락처, 분실신고서(증명서)

---

❶ 분실 사고 시! 1.

❶ 여권을 분실했습니다.

❷ 여행자수표를 분실했습니다.

❸ 기차에 가방을 놓고 내렸습니다.

❹ 카메라를 잃어버렸어요.

❺ 어제 지하철에서 소매치기 당했습니다.

❻ 한국대사관에 연락해 주십시오.

потерять (빠찌랴-찌) : 분실하다

дорожный (다로-즈늬) : 여행의

сумка (숨-꺼) : 가방

11. 사고상황의 대처

11

❶ Я потерял (남자) / потеряла (여자) свой паспорт.
야 빠찌랄- / 빠찌랄-라 스보-이 빠-스뽀르뜨

❷ Я потерял (남자) / потеряла (여자) дорожный чек.
야 빠찌랄- / 빠찌랄-라 다로-즈늬 첵

❸ Я оставил (남자) / оставила (여자) сумку в поезде.
야 아스따-빌 / 아스따-빌라 숨-꾸 프뽀-이즈제

❹ Я потерял (남자) / потеряла (여자) фотоаппарат.
야 빠찌랄- / 빠찌랄-라 파따압빠랏-

❺ Вчера украли у меня в метро.
프치라- 우끄랄-리 우 미냐- 브미뜨로-

❻ Соедините меня с корейским посольством, пожалуйста.
싸이지니-쩨 미냐- 쓰까례-이스낌 빠쏠-스뜨범 빠좔-스따

поезд (뽀-이스뜨) : 기차

метро (미뜨로-) : 지하철

посольство (빠쏠-스뜨버) : 대사관

앗! 단어장!

❼ 여권을 재발행 받으러 왔습니다.

❽ 오늘 재발행됩니까?

❾ 어디서 그것을 재발행 받을 수 있습니까?

❿ 재발행이 가능합니까?

⓫ 분실물에 대해선 어디에 물어봐야 합니까?

⓬ 분실물 신고 센터가 어디에 있습니까?

⓭ 이 전화번호로 연락주세요.

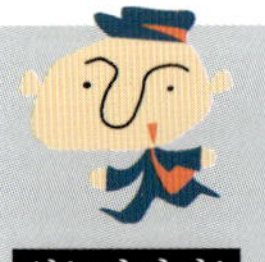

выдать (브이-다찌) : 발행하다

повторно (빠쁘또-르너) : 다시

спросить (스쁘라씨-찌) : 묻다

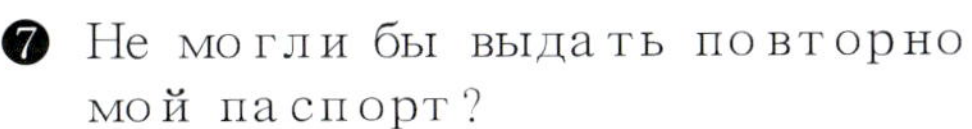

❼ Не могли бы выдать повторно
мой паспорт?
니- 마글리-브이 브이-더찌 빠프또-르너 모-이 빠-스뻬르뜨

❽ Сегодня можно повторно выдать?
씨보-드냐 모-즈너 빠프또-르너 브이-다찌

❾ Где повторно выдавать?
그세- 빠프또-르니 브이디비 찌

❿ Возможно повторно выдать?
바즈모-즈너 빠쁘또-르너 브이-다찌

⓫ Где надо спросить о находке?
그제- 나-더 스쁘라씨-찌 아나홋-께

⓬ Где находится стол находок?
그제 나호-짓쨔 스똘- 나호-덕

⓭ Позвоните, пожалуйста, по этому
номеру.
빠즈바니-쩨 빠쫠-스따 빠에-떠무 노-메루

находка (나홋-꺼) : 분실물

позвонить (빠즈바니-찌) : 전화하다

앗! 단어장!

❶ 여보세요. 경찰서죠?

❷ 경찰서 좀 대 주세요.

❸ 제 지갑을 소매치기 당했어요.

❹ 자동차 사고를 신고하고자 합니다.

❺ 화재발생 신고를 하려 합니다.

❻ 제가 강도를 당했습니다.

❼ 여기 부상자 한 사람이 있습니다.

❽ 앰뷸런스를 좀 불러주세요.

❶ Алло! Это милиция?
알로- 에-떠 밀리-찌야

❷ Соедините меня с милиционером, пожалуйста.
싸이지니-쩨 미냐- 스 밀리찌아녜-럼 빠좔-스따

❸ У меня украли бумажник.
우 미냐- 우ㄲ랄-리 부마-즈니

❹ Я намерен (남자) / намерена (여자) заявить об аварии.
야 나몌-린 / 나몌-리나 자이비-찌 아바바-리이

❺ Я намерен (남자) / намерена (여자) заявить о пожаре.
야 나몌-린 / 나몌-리나 자이비-찌 아 빠좌-례

❻ Меня ограбили.
미냐- 아그라-빌리

❼ Здесь есть раненый.
즈제-씨 예-스찌 라-니늬

❽ Вызывайте скорую помощь, пожалуйста.
브이지바-이쩨 스꼬-루유 뽀-머쉬 빠좔-스따

❶ 응급상황입니다!

❷ 03으로 전화해주세요.

❸ 경찰을 불러 주세요!

❹ 도둑이다! 잡아라!

❺ 불이야!

❻ 도와주세요!

❼ 조심해요!

❽ 엎드려!

❾ 저 놈 잡아라!

❶ Это срочно!
에-떠 스로-치너

❷ Позвоните 03.
빠즈바니-쩨 놀 뜨리-

❸ Позовите милиционера!
빠자비-쩨 밀리찌아녜-라

❹ Вор! Держи!
보-르 지르쥐-

❺ Пожар!
빠좌-르

❻ Помогите!
빠-마기-쩨

❼ Осторожно!
아스따로-즈너

❽ Спуститесь!
스뿌스찌-쩨씨

❾ Держи его!
지르쥐- 이보-

❶ 병원에 데려다 주세요.

❷ 구급차를 불러 주세요.

❸ 의사를 불러 주세요.

❹ 여기에 통증이 있습니다.

❺ 머리가 아픕니다.   /
열이 있습니다.

❻ 현기증이 납니다.   /   토할 것 같습니다.

❼ 설사를 합니다.

❽ 다리가 부러졌습니다.

❾ 속이 쓰리고 소화가 안 됩니다.

11. 사고상황의 대처

❶ Привезите меня в больницу,
пожалуйста.
쁘리비지-쩨 미냐- 브 발-니-쭈 빠좔-스따

❷ Вызовите скорую помощь.
브이-자비쩨 스꼬-루유 뽀-머쉬

❸ Вызовите мне врача.
브이-자비쩨 므녜- 브라-차

❹ У меня боль здесь.
우 미냐- 볼- 즈제-씨

❺ У меня болит голова. /
У меня температура.
우 미냐- 발릿- 갈라바- / 우 미냐- 찜뻬라뚜-러

❻ У меня кружит голова. / Меня тошнит.
우 미냐 끄루쩟- 갈라바- / 미냐- 따슈닛-

❼ У меня понос.
우 미냐- 빠노-쓰

❽ Я сломал (남자) / сломала (여자)
себе ногу.
야 슬라말- / 슬라말-라 씨뼤- 노-구

❾ У меня изжога и диспепсия.
우 미냐- 이죠-거 이 지스쁜씨-야

❻ 약국의 처방!

❶ 이 처방대로 약 좀 조제해 주시겠어요?

❷ 감기(설사)약 좀 주십시오.

❸ 두통에 좋은 약 좀 주세요.

❹ 소화불량에 좋은 약 좀 주세요.

❺ 약을 몇 회나 복용합니까?

❻ 이 약을 하루 3번 식후에 드세요.

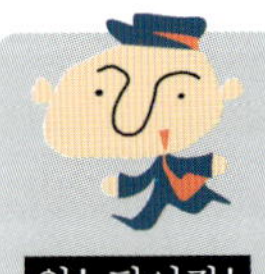

рецепт (리쩨-쁘뜨) : 처방

лекарство (리까르스뜨버) : 약

головая боль (갈라바-야 볼) : 두통

앗! 단어장!

❶ Приготовьте лекарство по этому рецепту.
쁘리가또-휘쩨 리까-르스뜨버 빠에-떠무 리쩨-프뚜

❷ Дайте мне лекарство от простуды (поноса).
다-이쩨 므녜 리까-르스뜨버 앗쁘라스뚜-디 (빠노-싸)

❸ Дайте мне лекарство от головной боли.
다-이쩨 므녜- 리까-르스뜨버 앗갈라브노-이 볼-리

❹ Дайте мне лекарство от несварения желудка.
다-이쩨 므녜- 리까-르스뜨버 앗니즈바례-니에 젤루-뜨까

❺ Сколько раз надо принимать?
스꼴-꺼 라-스 나-더 쁘리니마-찌

❻ Принимайте это лекарство три раза в день после еды.
쁘리니마-이쩨 에-떠 리까-르스뜨버 뜨리- 라자 뽀-슬례 이디-

после (뽀-슬례) : ～후에

еда (이다) : 식사

без (비스) : ～없이

앗! 단어장!

➡ 사고 관련 단어표현

경찰서	полицейский участок
	빨리쩨-이스끼 우챠-스떡
경찰	полиция 빨리-찌야
경찰관	полицейский 빨리쩨-이스끼
파출소	полицейский пост
	빨리쩨-이스끼 뽀-스뜨
여권	паспорт 빠-스뽀르뜨
지갑	бумажник 부마-즈닉
현금	наличные 날리-취니예
귀금속	ценные 짼-늬예
분실증명서	свидетельство о находке
	즈비제-찔스뜨버 아 나홋-께
발행증명	свидетельство о выдаче
	즈비제-찔스뜨버 아 브이-다체
재발행하다	повторно выдать
	빠프또-르너 브이-다찌

➡ 병원 관련 단어표현

병원	больница 발리니-짜
의사	врач 브라-취
응급처치	скорая помощь
	스꼬-라야 뽀-머쉬
구급차	машина скорой помощи
	마쉬-나 스꼬-러이 뽀-머쉬

환자	больной	발리노-이
입원	госпитализация	
		가스삐딸리자-찌야
몸	тело	짤-러
머리	голова	갈라바-
코 / 귀	нос / ухо	노-스 / 우-허
입 / 목	рот / шея	로-뜨 / 쉐-야
손 / 팔	рука	루까-
발 / 다리	нога	나가-
가슴	грудь	그루-찌
등 / 허리	спина / талия	
		스삐나- / 딸-리야
심장 / 간장	сердце / печень	
		쎄-르쩨 / 뻬-친-
주사	укол	우꼴-
수술	операция	아뻬라-찌야
처방	рецепт	리쩨-쁘뜨
약	лекарство	리까-르스뜨버
체온	температура	찜뻬라뚜-러
열	жар	좌-르
맥박	пульс	뿔-쓰
혈압	кровяное давление	
		끄라비노예 다블레-니예
진단서	справка о состоянии здоровья	
		스쁘라-프까 아싸스따야-니이 즈다로-비야

⭕ **질병 관련 단어표현**

두통	головная боль	
	갈라브나-야 볼-	
현기증	головокружение	
	갈라바끄루줴-니예	
기침	кашель	까-쉴-
재채기	чиханье	취하-니예
감기	простуда	쁘라스뚜-더
유행성 감기	грипп	그립-
천식	астма	아-스뜨머
폐렴	пневмония	쁘니브마니-야

➡ 약국 관련 단어표현

약국	аптека	압쩨-꺼
처방전	рецепт	리쩨-쁘뜨
탈지면	стерильная вата	
	스찌릴-너야 바-떠	
반창고	лейкопластырь	
	리까쁠라-스띠리	
옥도정기(요오드)	йод	이욧-
붕대	бинт	빈-뜨
거즈	марля	마-를랴
아스피린	аспирин	아스삐린-
감기약	лекарство от простуды	
	리까-르스뜨버 앗쁘라스뚜-듸	
해열제	противолихорадочное средство	
	쁘라찌바리하라-더 치너예 스렛-스뜨버	

12. 귀국 준비!

❶ 귀국 준비!

여행일정을 마무리하고 귀국을 준비하는 단계입니다. 먼저 개인짐을 잘 정리해서 가방의 부피를 최대한으로 줄이며, 짐의 갯수도 줄이도록 합니다. 그리고 귀국에 필요한 서류들은 다시 한번 확인하고 따로 작은 가방에 넣습니다.

ⓐ **예약 재확인** : 귀국날짜가 정해지면 미리 항공편 좌석을 예약해야 하며, 예약을 이미 해두었을 경우에도 출발 예정 시간의 72시간 전에 반드시 재확인을 해야 합니다. 항공사에 전화해 이름, 편명, 행선지를 말하고 자신의 연락 전화번호를 남기면 됩니다. 성수기 때에는 자칫 재확인을 안해 당일날 좌석을 구하지 못하는 일이 종종 있습니다.

ⓑ **하물의 정리** : 출발하기 전에 맡길 짐과 기내에 갖고 들어갈 짐을 나누어 꾸리고 토산품과 현지에서 구입한 물건의 품명과 금액을 리스트에 기재해 둡니다. 물건의 파손이 우려되는 제품은 가급적 직접 운반하는 것이 좋으며, 부피가 클 경우는 짐에 '주의! 파손위험'이라는 스티커를 보딩패스 시에 붙여달라고 요구합니다. 그리고 현지에서 산 면세물품 관련 서류를 반드시 챙겨 물건을 꼭 받아 나오도록 합니다.

ⓒ **출국절차** : 최소한 출발 2시간 전까지는 공항에 미리 도착해 체크인을 하십시오. 수하물 검사가 매우 철저하게 진행되기 때문에 상당 시간이 소요됩니다. 기내휴대 수하물 외의 짐은 탁송합니다. 화물은 항공기 탑재 중량을 먼저 주의하여야 하며, 초과 중량에 대해서는 1kg당 운임료를 따로 지불해야 합니다. 적지 않은 비용이기 때문에 반드시 미리 체크해야 합니다.

출국절차는 세관 검사, 출국 검사의 순으로 모스크바의 세레메티예보 II공항의 경우에는 세관 검사 후에 체크인을 하게 되어 있습니다. 세관 검사에서는 입국시에 서명받은 세관 신고서와 새로 기입한 세관 신고서를 제출하며, 출국 검사에서는 여권과 비자, 탑승권을 제시하면 됩니다. 출국장 안으로 들어가게 되면 먼저 탑승권에 표시된 탑승 게이트로 가서 대기를 하거나 면세품코너를 들러 남은 시간을 보냅니다. 아직 선물을 준비하지 못했다면 이곳에서 사는 것이 좋습니다. 귀국할 때는 인천공항의 면세점을 이용할 수 없기 때문입니다.

❷ 한국 도착!

한국에 도착한 후 입국절차는 ⓐ 입국신고서(세관신고서) 작성, ⓑ 검역, ⓒ 입국심사, ⓓ 세관검사의 순으로 진행됩니다. 입국신고서는 미리 준비해 둡니다. (출국신고서 작성시에 준비했던 것) 입국절차는 출국절차의 역순, **Q - I - C** (**Quarantine, Immigration, Customs**)입니다.

ⓐ 검역 : 비행기에서 내리면 맨 먼저 검역 부스가 있는데, 주로 전염병이 보고된 지역의 여행객이 받습니다.

ⓑ 입국심사 : 내국인이라고 표시된 곳으로 가서 줄을 섭니다. 여권과 입국신고서를 제출하면 계원이 입국 카드를 떼어 내고 여권에 입국 스탬프를 찍어 주면 끝입니다.

ⓒ 세관 : 세관신고는 자진 신고제를 운영하고 있습니다. 세관 검사에 필요한 서류는 여권과 세관신고서입니다. 신고할 물품이 있으면 여기에 기재를 합니다만 면세품의 경우는 구두로 신고해도 됩니다. 과세 대상품에 대해서는 세관원이 세액을 산출하여 지불용지를 작성해 줍니다. 지불할 돈이 모자라거나 없을 땐 일단 과세 대상품을 세관에 예치하고 나중에 찾아 가도록 합니다. 현재 술, 담배, 향수 이외의 물건은 해외 취득 가격 합계 400달러까지 면세됩니다. 특별히 신고할 물건이 없으면 녹색심사대를 통해 우선 통과가 가능하지만 만약 미기재된 물품이나 신고한 금액을 초과한 물품에 대해서는 별도의 관세가 부과되며, 반입금지 물품(마약류, 총기류 등)에 대해서는 형사처벌을 받게 됩니다. 그리고 남의 짐을 잠시 맡아 주는 등의 도움이 자칫 밀수, 불법반입으로 악용되는 경우가 있기 때문에 특히 주의가 필요합니다.

❶ 귀국절차 !

❶ 예약을 재확인하고 싶습니다.

❷ 출국수속 카운터는 어디입니까?

❸ 이 짐들을 대한항공 카운터로 옮겨주십시오.

❹ 초과요금은 얼마입니까?

❺ 탑승시간은 언제입니까?

❻ 대한항공 710편은 예정대로 출발합니까?

❼ 얼마나 지연됩니까?

подтвердить (빳뜨비르지-찌)
: 확인하다
регистрировать (리기스뜨리-러 바찌)
: 수속하다
лишний (리-슈늬) : 초과되는

12. 귀국 준비!

❶ Я хочу подтвердить мой заказ.
야 하추- 빳뜨비르지-찌 모-이 자까-스

❷ Где можно регистрировать?
그제- 모-즈너 리기스뜨리-러바찌

❸ Перенесите эти багажи в стойку KAL, пожалуйста.
삐리니씨-쩨 에-찌 바가-쥐 프스또-이구 칼 빠좔-스따

❹ Сколько стоит лишний вес багажа?
스꼴-꺼 스또-잇 리-슈니이 베-스 바가-좌

❺ Когда посадка?
까그다- 빠삿-까

❻ KAL рейс 710 улетит вовремя?
칼 레-이스 셈솟제-시찌 울리찔- 보-브리먀

❼ Сколько времени задержатся?
스꼴-꺼 브레-미니 자지르좟-쨔

посадка (빠삿-꺼) : 탑승
вовремя (보-브리먀) : 정시에
задержаться (자지르좟-쨔) : 지연되다

● 출국 절차 개시를 알리는 방송!

안내말씀 드리겠습니다. 아에로플로트 427편을 이용할 승객께서는 출국 절차를 밟아주시기 바랍니다.

Внимание!
Пассажиры Аэроплотого рейса 427 должны зарегистрировать.

브니마-니예 빠싸쥐-르이 아에라쁠로-떠버 레-이싸
체띠-레 드밧-짜찌셈달즈늬- 자리기스뜨리-러바찌

● 탑승 개시를 알리는 방송!

아에로플로트 서울행 427편이 현재 탑승 중입니다. 이 항공편을 이용하시는 승객께서는 5번 게이트로 가셔서 탑승하여 주시기 바랍니다.

Рейс 427 Аэроплота в Сеул сейчас в посадке. Пассажиры этого рейса должны сделать посадку через выход №. 5.

레-이스 체띠-레 드밧-짜찌 셈 아에라쁠로-따 프 씨
울- 씨챠-스 프 빠삿-께 빠싸쥐-르이 에-떠버 레-이
싸 달즈늬- 즈젤-러찌 빠삿-꾸 체-리스 브이-헛 노며
르 빠-찌

[특별 부록]
비지니스 러시아어회화!

해외 출장을 떠나시는 독자 여러분들을 위한 필수 비지니스 러시아어회화를 특별히 부록편으로 모아 정리했습니다. 간단한 인사말에서부터 상담, 계약, 주문에 이르기까지 꼭 필요한 필수 문장들을 중심으로 소개해 드립니다. 독자 여러분의 '성공 비지니스'를 기원하며, 비지니스 러시아어를 시작해 보겠습니다!

❶ 초면의 인사법!

비지니스에 있어서 첫 만남은 무엇보다도 중요합니다. 상대에게 좋은 인상을 줄 수 있도록 첫 인사말을 준비해

봅니다. 상대와의 첫인사! 무엇보다도 여러분의 밝은 미소와 자신감을 함께 전하십시오!

안녕하십니까? (처음 뵙겠습니다.)
Здравствуйте!
즈드라-스뜨브이쩨

만나서 반갑습니다.
Очень приятно.
오-친 쁘리야-뜨너

저 역시 그렇습니다.
Рад(남성) / рада (여성)
вас видеть!
랏 / 라-다 바-스 비-제찌

'Здравствуйте!'(즈드라-스뜨브이쩨)는 처음으로 만나 인사를 나눌 때 씁니다. 만나서 반가움을 표시하려면 다음과 같이 인사하면 됩니다. '만나서 반갑습니다.' 'Очень приятно.'(오-친 쁘리야-뜨너) 그러면 다음과 같이 대답하시는 것도 잊지마십시오. '저 역시 그렇습니다.'(남자의 경우) 'Рад вас видеть!'(랏 바-스 비-제찌) 또는 'Рада вас видеть!'(라-다 바-스 비-제찌)(여자의 경우) 라고 하면 됩니다.

비지니스 인사의 시작!

❷ 사업 근황 묻기!

그리고 친분이 있는 사람들과 가볍게 사업의 근황을 물을 때는 다음처럼 말하면 됩니다.

사업은 어떻습니까?
Как ваше дело?
깍 바-쉐 젤-러

괜찮습니다.
Всё в порядке.
프쏘- 프빠랏-께

좋습니다. / 아주 좋습니다.
Хорошо / Очень хорошо.
하라쇼- / 오-친 하라쇼-

❶ 대표이사님과 약속하고 왔습니다.

❷ 그와 상의할 문제가 좀 있어서요.

❸ 시간이 되시는 지 알아보겠습니다.

❹ 그는 오늘 쉬는 날입니다.

❺ Johnson 씨는 지금 회의 중입니다.

❻ 제가 기다리시게 했습니까?

❼ 오늘 오후 내 사무실로 와주시겠습니까?

❶ 방문객을 맞을 때!

❶ Я договорился встретиться с представителем.
야 다가바릴-샤 프스뜨레찟-쨔 스 쁘릿스따비-찔림

❷ Мне надо обсудить кое-какую проблему.
므녜- 나-더 압수-지찌 꼬-예까꾸유 쁘라블례-무

❸ Я спрошу о том, что у него свободное время.
야 스쁘라슈- 아 또옴- 슈또- 우니보- 스바보-드너예 브례-먀

❹ Сегодня у него нерабочий день.
씨보-드냐 유니보- 니라보-치 젠

❺ Мистер Джонсон сейчас в переговорах.
미스쩨-르 존-슨 씨차-스 프삐리가보-라흐

❻ Долго ждали из-за меня?
돌-거 즈달-리 이자- 미냐-

❼ Приходите, пожалуйста, в мой офис сегодня днём.
쁘리하지-쩨 빠좔-스따 브모-이 오-피스 씨보-드냐 드뇨옴

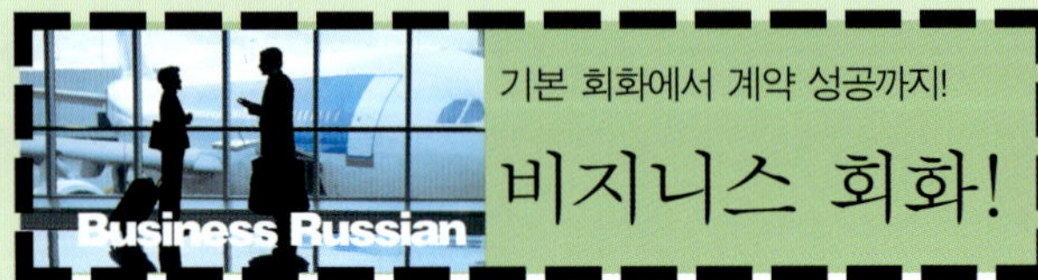

❶ 우리 회사에 오신 것을 환영합니다.

❷ 환영해주셔서 감사합니다.

❸ 저는 SBJ의 대표이사, 제이슨 리입니다.

❹ 저는 판매부를 맡고 있습니다.

❺ 제 명함입니다.

❻ 사업 근황이 어떻습니까?

❼ 그저 그래요.

добро пожаловать
(다브로- 빠좔-러바쩨) : 환영하다
компания (깜빠-니야) : 회사
приветствие (쁘리볫-스뜨비예) : 환대

❷ 인사할 때!

❶ Добро пожаловать в нашу компанию.
다브로- 빠좔-러바찌 브나-슈 깜빠-니유

❷ Спасибо за приветствие.
스빠시-바 자쁘리베-뜨스뜨비예

❸ Меня зовут Джейсон Ли,
представитель SBJ.
미냐- 자붓- 줴-이슨 리 쁘릿스따비-찔 에쓰비제이

❹ Я главный директор отдела сбыта.
야 글라-브늬 지렉-떠르 앗젤-라 즈브이-따

❺ Это моя визитка.
에-떠 마야- 비짓-꺼

❻ Как идут ваши дела?
깍 이듯- 바-쉬 질라-

❼ Не важно.
니바-즈너

отдел сбыта (앗젤- 즈브이-따)
: 판매과
визитка (비짓-꺼) : 명함
дело (젤-러) : 사업

앗! 단어장!

❶ 저희 회사는 2000년에 설립되었습니다.

❷ 지점은 몇 개나 됩니까?

❸ 우리는 서울에 13개의 대리점을 가지고 있습니다.

❹ 귀사의 사업 계획은 무엇입니까?

❺ 주요상품들은 무엇입니까?

❻ 국제인증을 가지고 있습니까?

❼ 귀사의 마케팅 전략은 무엇입니까?

учредить (우츠리지-찌) : 설립하다
филиал (휠리알-) : 지점
агент по продаже
(아겐-뜨 빠쁘라다-줴) : 대리점

❸ 회사를 소개할 때!

❶ Нашу компанию учредили в 2000.
나-슈 깜빠-니유 우츠리질-리 브드베- 띠-시치넘 가두-

❷ Сколько филиалов у вас?
스꼴-꺼 힐리알-러프 우 바-스

❸ У нас 13 агентов по продаже в Сеуле.
우 나-스 뜨릿-짜찌 아겐-떠프 빠쁘라다-줴 프씨울-례

❹ Какой план по бизнесу у вас есть?
까꼬-이 쁠란- 빠비-즈니수 우바-스 예-스찌

❺ Какие основные товары у вас есть?
까끼-예 아스나브늬-예 따바-르이 우바-스 예-스찌

❻ У вас есть международная скрепка?
우바-스 예-스찌 미즈두나로-드너야 스끄렙-꺼

**❼ Какая стратегия маркетинга у
вас есть?**
까까-야 스뜨라쩨-기야 마-르끼찡가 우바-스 예-스찌

план (쁠란-) : 계획
товар (따바-르) : 상품
международная скрепка (미즈
두나로-드너야 스끄렙-꺼) : 국제인증

앗! 단어장!

❶ 교환번호 305번 대주시겠어요?

❷ 그에게 연결시켜드리겠습니다.

❸ 그는 지금 자리에 안 계신데요.

❹ 5분 후에 다시 전화해 주시겠어요?

❺ Jason과 어떻게 연락할 수 있을까요?

❻ 011-123-4321로 연락 할 수 있으십니다.

добавочный (다바 보츠늬) : 보조의

соединить (싸이지니-찌) : 연결하다

сейчас (씨챠-스) : 지금

❹ 전화 통화시에!

❶ Добавочный 305, пожалуйста.
다바-보츠늬 뜨리-스따 빠-찌 빠좔-스따

❷ Соединю вас с ним.
싸이지뉴- 바-스 스님-

❸ Сейчас его нет на месте.
씨챠-스 이보- 니옛- 나몌-스쩨

❹ Перезвоните, пожалуйста, через 5 минут.
삐리즈바니-쩨 빠좔-스따 체-리스 빠-찌 미눗-

❺ Как я смогу установить связь с Jason?
깍 야 스마구- 우스따나비-찌 스뱌-시 스 제이슨

❻ Вы можете позвонить по номеру 011-123-4321.
브이- 모-쥐쩨 빠즈바니-찌 빠노-메루 놀 아진나짯-찌
스또- 드밧-짜찌 뜨리- 쏘-럭 뜨리- 드밧-짜찌 아진-

перезвонить (삐리즈바니-찌)
: 다시 전화하다
установить связь (우스따나비-찌 스뱌-시) : 연락하다

앗! 단어장!

❶ 귀사의 신제품을 보여주실 수 있습니까?

❷ 시범설명을 해드릴께요.

❸ 얼마동안 품질 보증이 됩니까?

❹ 단위당 가격은 얼마입니까?

❺ 가격은 수량에 따라 달라집니다.

❻ 이것이 최저가격인가요?

❼ 지불조건에 대해 알고 싶습니다.

показать (빠까자-쯔) : 보여주다
новый (노-브이) : 새로운
гарантировать (가란찌-러 바쯔)
: 보증하다

❺ 상담할 때!

❶ Можно показать ваш новый товар?
모-즈너 빠까자-찌 바-쉬 노-브이 따바-르

❷ Резрешите демонстрировать.
라즈리쉬-쩨 지만스뜨리-러바찌

❸ На сколько вы гарантируете?
나스꼴-꺼 브이 가란찌-루이쩨

❹ Сколько стоит на единицу?
스꼴-꺼 스또-잇 나이지니-쭈

❺ Цена товары зависит от
количества.
찌나- 따바-르이 자비-씻 앗깔리-치스뜨바

❻ Это ваша самая низкая цена?
에-떠 바-샤 싸-마야 니-스까야 찌나-

❼ Я хочу узнать об условиях платежа.
야 하추- 우즈나-찌 아부슬로-비야흐 쁠라찌좌-

цена (찌나) : 가격
количество (깔리-치스뜨버) : 수량
условия платежа (우슬로-비야
쁠라찌좌-) : 지불 조건

앗! 단어장!

❶ 그 제품의 재고가 있습니까?

❷ 귀사의 제품을 주문하고 싶습니다.

❸ 얼마나 주문하실 겁니까?

❹ 주문을 변경하고 싶습니다.

❺ 계약서를 작성합시다.

❻ 계약서 받으셨나요?

❼ 네, 계약서가 오늘 아침 일찍 도착했습니다.

запас (자빠-스) : 재고

заказать (자까자-찌) : 주문하다

исправить (이스쁘라-비찌) : 변경하다

❻ 계약, 주문을 할 때!

❶ Есть ли запас товаров?
예-스찔 리 자빠-스 따바-러프

❷ Мы хотим заказать Ваш товар.
므이 하찜- 자까자-찌 바-쉬 따바-르

❸ Сколько Вы закажете?
스꼴-꺼 브이 자까-쥐쩨

❹ Я хочу исправить мой заказ.
야 하추- 이스쁘라-비찌 모-이 자까-스

❺ Подпишемся контракт.
빳삐-쉼샤 샤깐뜨락-뜨

❻ Вы получили контракт?
브이 빨루칠-리 깐뜨락-뜨

❼ Да. он прибыл сегодня рано утром.
다 온 쁘리브일- 씨보-드냐 라-너 우-뜨럼

앗! 단어장!

контракт (깐뜨락-뜨) : 계약서

получить (빨루칫-찌) : 받다

утром (우-뜨럼) : 아침에

부록 : 필수 단어 사전!

꼭! 꼭! 꼭! 필요한 단어들을 내용별로 정리한 사전입니다!

● 숫자 Numbers

0	ноль	놀
1	один	아진-
2	два	드바-
3	три	뜨리-
4	четыре	체띄-레
5	пять	빠-찌
6	шесть	셰-스찌
7	семь	쎔
8	восемь	보-쎔

● 숫자 **Numbers**

9	девять	제-비찌
10	десять	제-시찌
11	одиннадцать	아진-나짜찌
12	двенадцать	드비나-짜찌
13	тринадцать	뜨리나-짜찌
14	четырнадцать	체띄르나-짜찌
15	пятнадцать	삐뜨나-짜찌
16	шестнадцать	쉬슷나-짜찌
17	семнадцать	씸나-짜찌
18	восемнадцать	바씸나-짜찌
19	девятнадцать	지빗나-짜찌
20	двадцать	드바-짜찌
30	тридцать	뜨리-짜찌
40	сорок	쏘-럭
50	пятьдесят	삣지샷-
60	шестьдесят	쉬슷지샷-
70	семьдесят	씸지샷-
80	восемьдесят	바씸지샷-

● 숫자 Numbers

90	девяносто	지비노-스떠
100	сто	스또-
1000	тысяча	띄-샤차
10,000	десять тысяч	제-시찌 띄-시취
100,000	сто тысяч	스또- 띄-시취
1,000,000	миллион	밀리온-
2배	два раза	드바- 라-자
3배	три раза	뜨리- 라-자
반	половина	빨라비-나
1/4	четверть	취뜨베-르찌
한 번	первый раз	뻬-르브이 라-스
두 번	второй раз	프따로-이 라-스
세 번	третий раз	뜨레-찌 라-스
1다스	дюжина	쥬-쥐나
2다스	две дюжины	드베- 쥬-쥐늬

● 시간 time

한 시간	час	챠-스
두 시간	два часа	드바- 치싸-
30분	полчаса	빨취 싸-
10분	десять минут	제-시찌 미눗-
6초	шесть секунд	쉐-스찌 씨꾼-뜨
오전 5시 30분	половина шестого утра 빨라비-나 쉐-스또바 우-뜨라	
오후 1시 20분	двадцать второго дня 드바-짜찌 프따로-바 드냐-	

● 날짜 Day

오전, 아침	утро	우-뜨로
정오	полдень	뺄-진
오후	день	젠
저녁	вечер	베-체르
밤	ночь	노-취
오늘	сегодня	씨보-드냐
오늘 아침	сегодня утром	씨보-드냐 우-뜨롬

● 날짜 Day

오늘 밤	сегодня вечером	씨보-드냐 베-체롬
오늘 저녁	сегодня ночью	씨보-드냐 노-취유
어제	вчера	프치라-
내일	завтра	자-프트라
내일 아침	завтра утром	자-프트라 우-뜨롬
내일 오후	завтра днём	자-프뜨라 드뇨옴
내일 저녁	завтра вечером	자-프뜨라 베-치롬
모레	послезавтра	뽀슬레자-프뜨라
그저께	позавчера	빠자프체라-

● 계절 Seasons

봄	весна	비스나-
여름	лето	례-또
가을	осень	오-씬
겨울	зима	지마-

● 주 Week

일요일	воскресенье	바스끄레쎄-니예 .
월요일	понедельник	빠네젤-닉
화요일	вторник	프또-르닉
수요일	среда	스리다-
목요일	четверг	제쓰베-륵
금요일	пятница	뺘-뜨니짜
토요일	суббота	수보-따
이번 주	эта неделя	에-따 니젤-랴
다음 주	следующая неделя	슬레-두유쇠야 니젤-랴
지난 주	прошлая неделя	쁘로-슐라야 니젤-랴

● 월 Months

1월	январь	인바-리
2월	февраль	피브랄-
3월	март	마-르뜨
4월	апрель	아쁘렐-

● 월 Months

5월	май	마-이
6월	июнь	이윤-
7월	июль	이율-
8월	август	압구-스뜨
9월	сентябрь	신짜-브리
10월	октябрь	악짜-브리
11월	ноябрь	나야-브리
12월	декабрь	지까-브리
이달	этот месяц	에-떳 메-시쯔
다음 달	следующий месяц	슬례-두유쉬 메-시쯔

● 가족 Family

남자	мужчина	무쉬-나
여자	женщина	젠-쉬나
소년	мальчик	말칙-

● 가족 Family

소녀	де вочка	제-보치까
아기	младе нец	믈라제-니쯔
어린이	ре бёнок	리뵤-녹
아버지	отец	아쩨-쯔
어머니	мать	마-찌
부모	ро дители	라지-찔리
남편	муж	무-슈
아내	же на	쥐나-
형제	брат	브라-뜨
자매	се стра	씨스뜨라-
약혼자	же них	쥐니-흐
약혼녀	не веста	니볘-스따
친구	друг	드룩-
아들	сын	썬
딸	дочь	도-취
아저씨	дядя	쟈-쟈
아주머니	тётя	쪼-쨔

● 국민과 언어

People / Language

한국인/한국어　кореец (남) 까례-이쯔 / кореянка (여) 까례얀-까 / корейский язык 까례-이스끼 이직-

미국인　американец (남) 아메리까-네쯔 / американка (여) 아메리깐-까

영국인/영어　англичанин (남) 안글리촤-닌 / англичанка (여) 안글리촨-까 / английский язык 안글리-스끼 이직-

일본인/일본어　японец (남) 이뽀-네쯔 / японка (여) 이뽄-까 / японский язык 이뽄-스끼 이직-

중국인/중국어　китаец (남) 끼따-예쯔 / китаянка (여) 끼따얀-까 / китайский язык 끼따-이스끼 이직-

프랑스인/프랑스어　француз (남) 프란쭈-스 / француженка (여) 프란쭈-젠까/ французский язык 프란쭈-스끼 이직-

독일인/독일어　немец (남) 니메-쯔 / немка (여) 넴-까/ немецкий язык 니메-쯔끼 이직-

이탈리아인/이탈리아어　итальянец (남) 이딸리야-네쯔 / итальянка (여) 이딸리얀-까 / итальянский язык 이딸리얀-스끼 이직-

러시아인/러시아어　русский (남) 루-스끼 / русская (여) 루-스까야 / русский язык 루-스끼 이직-

단어사전

● 국가명 Nation

한국	Корея	까례야
미국	США / Америка	스솨 / 아메-리까
영국	Англия	안-글리야
일본	Япония	이뽀-니야
중국	Китай	끼따-이
프랑스	Франция	프란-찌야
스페인	Испания	이스빠-니야
독일	Германия	기르마-니야
이탈리아	Италья	이딸-리야
태국	Таиланд	따일란-뜨
러시아	Россия	라씨-야

Step by step!

1 목적지 공항도착!
목적지 공항에 도착하면 짐을
잘 챙겨서 내립니다. 입국심사
서는 미리 준비하세요!

2 도착 출구통과!
'Arrival'이라고 써진 출구를
찾아 통과합니다.

✚ 잠깐만요!
여권! 입국심사서! 항공권! 수하물표!를
잘 챙겨서 나가십시오!